JUNIOR CERTI[FICATE]

GW00802502

LESS STRESS MORE SUCCESS

French Revision
Higher Level

Peter McDonagh

Gill & Macmillan

Gill & Macmillan

Hume Avenue

Park West

Dublin 12

www.gillmacmillan.ie

© Peter McDonagh 2011

978 07171 4707 6

Design by Liz White Designs

Artwork by Derry Dillon

Print origination by Carrigboy Typesetting Services

The paper used in this book is made from the wood pulp of managed forests. For every tree felled, at least one tree is planted, thereby renewing natural resources.

Any links to external websites should not be construed as an endorsement by Gill & Macmillan of the content or view of the linked material.

For permission to reproduce photographs, the author and publisher gratefully acknowledge the following: © Alamy: 35, 40, 41, 44TL, 44TR, 44BL, 46, 49, 53, 58, 59T, 63, 64B; © Corbis: 64T, 66B; © Getty Images: 23, 29, 31, 34, 36, 37, 38, 39, 43, 66T; © Imagefile: 33; © Photolibrary: 44BL; Courtesy of Samsung: 61.

The authors and publisher have made every effort to trace all copyright holders, but if any has been inadvertently overlooked we would be pleased to make the necessary arrangement at the first opportunity.

CONTENTS

Introduction

Exam breakdown

Marks

In total, the French Junior Cert Higher Level examination is worth 320 marks, which break down as follows:

1. The **Listening Comprehension (Aural)** is worth 140 marks (44% of the total examination).

2. The **Reading Comprehension** section of the exam contains nine comprehensions worth 100 marks (31% of the total marks).

3. The **Written Expression** section represents 80 marks (25% of the total marks). You are required to write:
   - a letter (about 120 words) – worth 50 marks;
   - a note or postcard (very brief, only three or four sentences) – worth 30 marks.

   Note: Only one of the note or postcard options appears on any one paper, not both.

Timings

1. **Listening Comprehension:** This test lasts **30 minutes**, and the CD is played at the **start** of the French exam. The 2-hour Written exam (consisting of Reading Comprehension and Written Expression) commences immediately afterwards, without a break.

2. **Reading Comprehension:** In the **2-hour** Written exam, aim at devoting around **50 minutes** to this task.

3. **Written Expression:** In the **2-hour** Written exam, **50 minutes** could be devoted to the letter and note or postcard as follows:
   - about **40 minutes** for the letter;
   - about **10 minutes** for the note or postcard.

Good time management

To summarise, I recommend that you spend:

- **50 minutes** on the Reading Comprehension;
- **50 minutes** on the Written Expression section;
- **20 minutes** (allow at least **10 minutes**) checking your answers.

Do **not** spend too much time on one question at the expense of the others. Leave it and return to it when you are under less pressure.

exam TIPS

1   The Junior Certificate requires a good standard of basic French; you are not writing an English essay.

2   For the written section, stick to short sentences; they are more manageable. There is no penalty for going over the required number of words, but there are two problems here:

- you are creating more opportunities for making mistakes;
- you are eating into the time needed to answer the other questions.

3   I recommend that you answer the comprehension questions first, because:

- as you are required to recognise text and understand the gist of it, it is not difficult to locate the relevant areas where you can find the answers;
- by reading so much French (of a decent standard), your mind will become 'switched on' to the language. Vocabulary and phrases should come to mind more readily. You should then feel less pressure when answering the Written Expression section.

BONNE CHANCE !

1 Listening Comprehension (Aural)

aims

- To equip you with the knowledge and skill to tackle the Listening Comprehension.
- To give you comprehensive vocabulary to cover all the relevant topics.

Overview

The **Listening Comprehension (Aural)** is worth 140 marks (44% of the total).

This section **carries more marks** than either the **Reading Comprehension** or the **Written Expression** sections.

This section of the book aims to help you be fully prepared for the Listening test.

It is important to be very **familiar with the common vocabulary** and style of questions typical of the aural exam.

exam TIPS

REMEMBER:

1 Normally you have **5 minutes to read** the questions and instructions before the CD is played. Make sure that you use the **full 5 minutes** to prepare yourself.

2 Always read the questions before listening to the CD. That way you will know what to expect. For example, for the question 'What countries did she visit?', expect to hear the standard answers: 'l'Allemagne', 'l'Espagne', 'les États-Unis', 'la Grèce', etc. ...

3 Underline the key question words and instructions: 'Why?', 'How?', 'Explain', 'Give examples'.

4 Jot down answers – using abbreviations (e.g. 'ft' for 'football') – **on a rough sheet** or page while listening to the CD. Don't write whole sentences that take a long time, because then you will not hear what is being said. Instead of hearing a section played three times, you will only hear it played twice!

5 Use the gaps during playings to write down the answers on your exam paper.

6 Answer the questions in English when you are asked in English. If you answer in French, you lose marks.

7 If you are stuck for an answer, at least guess intelligently. **Never leave a gap**, especially with an MCQ (Multiple Choice Question) where you have one chance in four of being right.

8 Beware of similar sounds:
- 'deux amis/douze amis';
- 'six/seize'.

Listen for the 'half': J'ai seize ans *et demi*.

9 Keep up your concentration. Don't allow a lapse, and never look around at your classmates to see their reactions. This manoeuvre will only serve to make you more nervous.

Pronunciation

The pronunciation section of your CD will help you to recognise and understand the sounds of words.

Practise speaking them – they will also come in handy for the Leaving Cert Oral and Aural!

 Track 1

You must be familiar with the French alphabet:

a	b	c	d	e	f	g	h	i
j	k	l	m	n	o	p	q	r
s	t	u	v	w	x	y	z	

Note: The letters 'b, c, d, g, p, t, v, w' are all pronounced with the same sound at the end – 'ay'.

1. Begin by considering the **most common confusions**:
    Track 2
    - six/seize – *six/sixteen*
    - trois/treize – *three/thirteen*
    - deux heures/douze heures – *two o'clock/twelve o'clock*
      (listen for the 'uh' sound in 'deux' and the 'oo' sound in 'douze')
    - je vais/je fais – *I am going/I am doing*
    - j'ai/je – *I have/I*
    - j'ai fait/je fais – *I have done/I am doing*
    - ils ont/ils sont – *they have/they are*
      (in the middle of a word, 's' sounds like 'z', 'ss' sounds like 's' – as in 'hiss').
    - un fermier/une infirmière – *a farmer/a nurse*

2. **Nasal vowels** also cause problems.
    Track 3
    There are basically three main kinds:
    du vin – *wine*; du vent – *wind*; ils vont – *they are going*

    - Words which sound like 'du vin':
      la main – *hand*; le lapin – *rabbit*; le matin – *morning*
      il vient – *he's coming*; le train – *train*; le pain – *bread*
      à la fin – *lastly*; sain – *healthy*; canadien – *Canadian*
      le magasin – *shop*; rien – *nothing*

- Words which sound like 'du vent':
  en France – *in France*; dans – *in*; je prends – *I take*
  pendant – *during*; l'enfant – *child*; sans – *without*
  les gens – *people*; cent – *hundred*; allemand – *German*

- Words which sound like 'ils vont':
  ton – *your*; mon oncle – *my uncle*; bonjour – *hello*
  bon – *good*; longtemps – *a long time*

3. Words ending in '-eil' – like '-é':
   le soleil – *sun*; la bouteille – *bottle*; une oreille – *ear*
   un embouteillage – *traffic jam*
   un temps ensoleillé – *sunny weather*

 Track 4

4. Words with 'uh' sounds:
   le vieux château – *the old castle*; les yeux – *eyes*
   il pleut – *it's raining*; heureux – *happy*; les cheveux – *hair*
   deux – *two*; un peu – *a little*
   monsieur – *sir* (the 'r' is silent, just like the 'x' and 't' above)

Track 5

5. Very important! Most French words have a **silent ending**.
   Watch out for:
   je pars – *I'm leaving*; je sors – *I'm going out*
   droit – *straight* (but: droite – *right*) ; beaucoup – *a lot*
   les filles – *girls*
   il fait froid/chaud – *it's cold/warm*; trop – *too much*
   tout le temps – *all the time*; et un – *and one* (never pronounce the 't' in 'et', even
   before a vowel)

Track 6

Never pronounce the '-ent' at the **end** of any **verb**:
ils veulent – *they want*; ils arrivent – *they're arriving*
ils peuvent – *they can*; elles donnent – *they give*
elles passent (du temps) – *they are spending (some time)*; elles envoient – they *send*

6. Note these others:
   - 'gn' as in 'onion':
     l'Allemagne – *Germany*; les montagnes – *mountains*
     champagne; Avignon

Track 7

- 'ill' – a little like 'y':
  la famille – *family*; la fille – *girl*
  il s'habille – *he is getting dressed*
  But: la ville – *town*; mille – *thousand*; Lille

7. Liaison:

 Track 8

ils – ils ont	*(they have)*
nous – nous allons	*(we go/are going)*
vous – vous avez	*(you have)*
des – des œufs	*(eggs)*
mes – mes amis	*(my friends)*
les – les hommes	*(men)*
chez – chez eux	*(at their house)*
ton – ton école	*(your school)*
bon – bon ami	*(good friend)*
en – en avril	*(in April)*
deux – deux ans	*(two years)*

Section A

This section covers topics such as **making an apology, making** or **cancelling an appointment, buying something, booking a hotel room** or **restaurant table**, and so on.

In this section it is easy to score full marks, giving you a good start.

- There are **18 marks** for this section, i.e. **3 questions** for **6 marks each.**
- You only have to write **one** letter in **three boxes.**
- The content is played **twice.**

Important words and expressions

Making a hotel booking/reservation

 Track 9

C'est l'Hôtel de la Paix ? *Is this the Hôtel de la Paix?*

Oui, vous y êtes. Que puis-je faire pour vous ? *Yes, that's right. What can I do for you?*

J'aimerais/Je voudrais réserver une chambre double. *I'd like to book a double room.*

Vous avez des chambres de libre ? *Do you have any rooms available?*

Combien êtes-vous ? *How many of you are there?*

Nous sommes/On est trois. *There are three of us.*

Une chambre à deux lits avec douche. *A twin room with a shower.*

Avez-vous un ascenseur ? *Do you have a lift?*

La chambre se trouve au deuxième étage. *The room is on the second floor.*

J'aimerais une table près de la fenêtre. *I'd like a table near the window.*

Borrowing something

Track 10

Allô, c'est Pauline à l'appareil. *Hello, Pauline speaking.*

Est-ce que je peux te demander quelque chose ? *Can I ask you something?*

Puis-je emprunter ton lecteur CD pour ma boum ? *May I borrow your CD player for my party?*

Mon auto est tombée en panne. Peux-tu me prêter ton auto ? *My car has broken down. Can you lend me your car?*

J'ai besoin d'un vélo. *I need a bike.*

Est-ce que je peux emprunter ton vélo ? *Can I borrow your bike?*

Suggesting doing something

 Track 11

Allô, quoi de neuf, Jean ? *Hi, what's new, Jean?*

Je vais en ville. Ça te dit de venir avec moi ? *I'm going into town. How about coming with me?*

Ah, oui, je veux bien. *Yes, I'd like that.*

D'accord, je passerai chez toi dans une demi-heure. *OK, I'll drop round by your place in half an hour.*

Si on faisait une partie de tennis ? *How about a game of tennis?*

Ça te va ? *Does that suit you?/Is that OK with you? (informal)*

Mais bien sûr. *Yes, sure.*

Making an appointment

 *Track 12*

Je voudrais prendre un rendez-vous avec ... *I'd like to make an appointment with ...*

Pouvez-vous me donner un rendez-vous pour jeudi ? *Can you give me an appointment for Thursday?*

Cela vous convient ? *Does that suit you? (formal)*

Cancelling an appointment

 Track 13

Je téléphone pour vous dire que je ne pourrai pas aller au cinéma. *I'm ringing to tell you that I can't go to the cinema.*

Je regrette, mais mon oncle vient d'arriver de Cork. *I'm sorry, but my uncle has just arrived from Cork.*

Je suis désolé, mais ce n'est pas possible. *I'm sorry, but it's not possible.*

C'est dommage. *It's a pity.*

Je dois annuler mon rendez-vous pour 3 heures. *I have to cancel my appointment for 3 o'clock.*

Issuing invitations

Track 14

Je t'invite à venir chez moi. *I'm inviting you to my place.*

Ça te dit d'aller à une boum samedi ? *Do you want to go to a party on Saturday?*

Apologising

Track 15

J'espère que tu m'excuseras. *I hope you'll forgive me.*

Je m'excuse de ne pas avoir écrit plus tôt.   *I apologise for not writing earlier.*

Je suis désolé. *I am sorry.*

Making a complaint

Track 16

Nous voudrions un remboursement.
   We would like a refund.

Je dois me plaindre du bruit. *I have
   to complain about the noise.*

Je suis déçu. *I'm disappointed.*

Buying a train ticket

Track 17

Un aller simple pour Dijon.
   A single ticket to Dijon.

Un aller-retour pour Lyon.
   A return ticket to Lyon.

Il part de quel quai ? *What platform
   does it leave from?*

Il arrive à quelle heure ? *What time
   does it arrive at?*

Buying something at the market

Track 18

Avez-vous des ananas ? *Do you have any
   pineapples?*

Oui, vous en voulez combien ? *Yes, how many do
   you want?*

Combien coûtent les fraises au kilo ? *How much
   are the strawberries a kilo?*

Je prends un kilo de pommes, s'il vous plaît. *I'll
   have a kilo of apples, please.*

Ça fait combien en tout ? *How much does that
   come to?*

Ça fait trois euros cinquante-cinq. *That comes to
   three euros fifty-five.*

At the post office

 Track 19

Je voudrais envoyer un colis en Écosse.
Ça coûte combien ? *I'd like to send a parcel to
Scotland. How much is that?*
Je dois mettre le colis sur la balance. *I'll have to weigh
the parcel.*
Donnez-moi sept timbres à soixante centimes, s'il vous
plaît. *Give me seven 60 cent stamps, please.*

Section B

This section contains **profiles of people**, including their **date of birth, hobbies,
favourite subjects, parents' jobs, future career, countries visited**, etc.

The information in this section is quite easy.

- There are **32 marks** for this section, i.e. **16 questions** for **2 marks each**.

- **Two people** give details about themselves.

- The content is played **three times**.

Typical vocabulary

Age/Birthday

 Track 20

Je viens d'avoir seize ans. *I've just turned 16.*
J'ai presque quinze ans. *I'm almost 15.*
J'aurai quatorze ans le cinq mars. *I'll be 14 on 5th March.*
Mon frère est plus âgé que moi. *My brother is older than me.*

Note: J'ai quinze ans et demi. *I'm 15 **and a half.*** (No marks if you leave out the 'half'.)

Size of family

 Track 21

On est cinq dans ma famille. *There are five of us in my family.*
Nous sommes six dans ma famille. *There are six of us in my
family.*
J'ai une sœur jumelle. *I have a twin sister.*
J'ai un frère jumeau. *I have a twin brother.*

Favourite subjects

Track 22

J'aime le dessin.   *I like Art.*
Je n'aime pas les sciences.   *I don't like Science.*
J'aime mieux le français.   *I prefer French.*
     (literally: 'like better')
Je préfère l'anglais.   *I prefer English.*
L'histoire, ça me plaît.   *I like History.*
     (literally: 'History pleases me')
La géo, ça ne me plaît pas.   *I don't like Geography.*
Je trouve l'allemand ennuyeux.   *I find German boring.*

Note: Mes matières préférées **sont** l'allemand et le gaélique.   *My favourite subjects **are** German and Irish.*

Note also these subjects:
les arts ménagers   *Home Economics*   le commerce   *Business Studies*
l'éducation physique   *P.E.*   l'éducation religieuse   *R.E.*
l'informatique   *Computer Studies*

Appearances

Track 23

Je porte des lunettes.   *I wear glasses.*
Je suis assez mince.   *I am quite thin.*
J'ai les cheveux blonds.   *I have blond hair.*
Je suis grand(e)/petit(e)/de taille moyenne.   *I am tall/small/of average height.*
J'ai les yeux marron.   *I have brown eyes.*
Il a les cheveux courts/roux/bouclés.   *He has short/red/curly hair.*

Countries visited

Track 24

Je suis allé en Allemagne.   *I went to Germany.*
Nous avons visité l'Angleterre.   *We visited England.*
Je suis resté en famille au Pays de Galles.   *I stayed with a family in Wales.*
J'ai fait un séjour en Écosse.   *I had a holiday in Scotland.*

Countries *(Les pays)*

Apart from the obvious countries like 'l'Irlande' and 'la France', here is a list of the most common mentioned countries:

l'Afrique du Sud   *South Africa*
l'Autriche   *Austria*
la Belgique   *Belgium* (*note:* un Belge – *a Belgian*)
la Chine   *China* (un Chinois – *a Chinese person*)

la Croatie *Croatia*	le Japon *Japan*
l'Espagne *Spain*	le Maroc *Morocco*
les États-Unis *the USA*	les Pays-Bas *the Netherlands*
la Grande-Bretagne *Great Britain*	la Pologne *Poland*
la Grèce *Greece*	le Royaume-Uni *the UK*
l'Italie *Italy*	la Suède *Sweden*

 Track 25

Occupations *(Les métiers)*

Question : Que font tes parents dans la vie ? *What do your parents do for a living?*

Réponse : Mes parents tiennent un restaurant près de Galway. *My parents run a restaurant near Galway.* (tenir – *to run (a business); also: to hold*)

Question : Quel est le métier de ton père ? *What is your father's occupation?*

Réponse : Mon père est prof de maths. *My father is a Maths teacher.*

Il est boucher. *He's a butcher.*
Il est plombier. *He's a plumber.*
Elle est dentiste. *She's a dentist.*
Elle est coiffeuse. *She's a hairdresser.*
Il est épicier. *He's a grocer.*

key point

From the examples on the left, you will notice that the equivalent of 'a' in English is left out in French. You are therefore saying: 'he is butcher', 'she is dentist', etc.

The following are examples of statements in Section B of the Aural exam:

Mon père est chômeur/Mon père est au chômage. *My father is unemployed.*
Mon père va prendre sa retraite cette année. *My father is going to retire this year.*
Ma mère est ménagère/mère de famille. *My mother is a housewife.*
Elle travaille à la maison. *She works at home.*
Elle est infirmière. *She's a nurse.*
Elle travaille à temps partiel. *She works part-time.*
Elle est vendeuse. *She's a sales assistant.*

Ce que j'aimerais devenir ? *What would I like to become?*
J'aimerais être médecin. *I'd like to be a doctor.*
Je voudrais être mécanicien. *I'd like to be a mechanic.*
Je veux devenir agent de police. *I want to become a policeman.*

Note also these professions:

l'avocat(e) (m/f)   *lawyer*
le/la bibliothécaire   *librarian*
le camionneur   *van driver*
le/la chanteur/-euse   *singer*
le chauffeur de taxi   *taxi driver*
le/la chirurgien(ne)   *surgeon*
le/la comptable   *accountant*
l'électricien(ne)   *electrician*
le/la facteur/-trice   *postman/woman*
le/la gérant(e)   *manager*
l'homme/la femme politique   *politician*
l'homme/la femme d'affaires   *businessman/woman*
l'hôtesse de l'air   *air hostess*
l'informaticien(ne)   *computer scientist*
l'agent immobilier   *estate agent*
l'instituteur/-trice   *primary school teacher*
le maçon   *builder*
le/la mannequin   *model*
le/la menuisier/-ière   *carpenter*
le routier   *lorry driver*
le soldat   *soldier*

Note: J'ai un petit boulot ; je distribue des journaux. *I have a part-time job; I deliver newspapers.*

Hobbies *(Les passe-temps/les loisirs)*

 *Track 26*

Questions :   Qu'est-ce que tu aimes faire pendant ton temps libre ?   *What do you like to do during your free time?*

Comment est-ce que tu passes ton temps libre ?   *How do you spend your free time?*

Que fais-tu pour t'amuser ?   *What do you do for fun (to enjoy yourself)?*

Réponses :   Je suis sportif/sportive.   *I am keen on sport.*
J'adore la natation et le ping-pong.   *I love swimming and table tennis.*

Je joue   du piano/de la trompette.   *I play the piano/trumpet.*
au volley.   *volleyball.*

Je fais	des arts martiaux.	*I do*	*martial arts.*
	de l'athlétisme.		*athletics.*
	du cyclisme.		*cycling.*
	de l'équitation.		*horse-riding.*
	des promenades en bateau.		*boating.*
	des randonnées.		*walking/hiking.*
	de la plongée sous-marine.		*scuba diving.*
	de la planche à voile.		*wind-surfing.*
	du patinage.		*ice-skating.*

J'aime	regarder la télé.	*I like*	*watching (to watch) TV.*
	écouter de la musique.		*listening (to listen) to music.*
	lire des romans policiers.		*reading (to read) thrillers.*

key point

Note the use of 'de' and 'à' with activities:
faire + du/de la, etc., when doing a sport or pastime.
jouer + au/à la, etc., when playing a sport.
jouer + du/de la, etc., when playing a musical instrument.

Phrases used instead of 'j'aime/je n'aime pas' might include:
Je me passionne pour l'équitation. *I really love horse-riding.*
La planche à voile, ça me plaît/ça ne me plaît pas. *I like/don't like wind-surfing.*
J'ai horreur du rugby. *I hate rugby.*
Je m'intéresse à la lecture. *I'm interested in reading.*

Section C

Topics that frequently come up in this section include: **asking directions; shopping; making a phone call, leaving a message with phone number; booking a room or table (involving spelling a name); ordering food; describing objects lost or stolen; buying clothes.**

You need to listen carefully, as the conversations are very short; however, otherwise this is not a difficult section.

> • There are **5** brief **conversations** containing **2** questions each.
>
> • Each question carries **3 marks**, the total being **30 marks**.
>
> • You will hear material in section **C twice**.

Now take a closer look at the relevant vocabulary (see also earlier word lists for Section A).

Directions

Track 27

Prenez...   *Take ...*
Tournez   *Turn*
Descendez/Montez la rue   *Go down/Go up the street*
Traversez le pont   *Cross the bridge*
la première rue à gauche   *the first turn on the left*
la deuxième rue à droite   *the second turn on the right*

Shopping

Track 28

Je voudrais...   *I'd like ...*
    une boîte d'allumettes   *a box of matches*
    une bouteille de vin   *a bottle of wine*
    un paquet de sucre   *a bag of sugar*
    cinq tranches de jambon   *five slices of ham*

Phone calls

Track 29

Puis-je parler à Jacques ?   *May I speak to Jacques?*
Il est sorti.   *He's gone out.*
Vous voulez lui laisser un message ?   *Do you want to leave him a message?*
Pourriez-vous lui demander de me rappeler ?   *Could you ask him to ring me back?*

Track 30

Booking a room/table (spelling a name)

Je voudrais réserver une table jeudi soir.   *I'd like to book a table for Thursday evening.*
au nom de Joubert   *in the name of Joubert*
J'épelle.   *I'll spell it.*

Track 31

Ordering food

Je prends le poulet rôti.   *I'll have the roast chicken.*
Pour commencer, nous prendrons...   *As a starter we'll
     have ... (Note the use of 'prendre' – to take)*
Comme plat principal, je prends l'agneau.   *For the
     main course, I'll have the lamb.*
Comme dessert, la glace aux fraises.   *For dessert, the
     strawberry ice-cream.*
L'addition, s'il vous plaît.   *The bill, please.*

Track 32

Objects lost or stolen

On m'a volé mon portefeuille.   *Someone has stolen my wallet.*
Il est noir et en cuir.   *It's black and made of leather.*
Dedans, il y a mon permis de conduire et mes clés.   *Inside are my driver's licence and my keys.*
J'ai perdu mon porte-monnaie dans la gare.   *I lost my purse in the station.*

Track 33

Buying clothes

Quelle est votre taille ?   *What's your size? (shirts, etc.)*
Quelle est votre pointure ?   *What's your size? (shoes)*
Puis-je l'essayer ?   *Can I try it on?*
Les cabines d'essayage sont à gauche.   *The changing rooms are
     on the left.*

Section D

This section covers **holidays, school, relationships**, and so on.

It is often the most challenging, perhaps because it is longer than
the other sections and maybe because you have to listen to the
same voices and theme for longer.

- A continuous **conversation** between at least two young people.
- There are **10 questions** for **3 marks each**, with a total of **30 marks**.
- The material is divided into **four or five segments**.
- You will hear the material **three times**. The first playing is right through; the
  second time in segments to allow you more time to think about the answers;
  then finally, right through again.

Health

There are two ways of asking someone what is wrong with them:

Questions : Qu'est-ce qu'il y a ?   *What's up? What's wrong? (literally: 'What is there?')*
Qu'est-ce que vous avez ?   *What's wrong with you? (literally: 'What do you have?')*

Réponse : J'ai mal à la tête.   *I have a headache.*

Note: avoir mal à...   *to have a sore ... (literally: 'to have a pain in ...')*
J'ai mal à la gorge.   *I have a sore throat.*
J'ai mal au dos   *I have a sore back.*
J'ai de la fièvre.   *I have a temperature.*
J'ai un rhume.   *I have a cold.*
J'ai la grippe.   *I have the flu.*
J'ai vomi trois fois.   *I was sick three times.*
Mon médecin m'a conseillé...   *My doctor advised me ...*
de rester au lit pendant une semaine.   *to stay in bed for a week.*
de me reposer un peu.   *to rest a little.*
Le médecin m'a fait une ordonnance.   *The doctor made out a prescription for me.*
Je tousse.   *I have a cough.*
Il faut prendre des pilules.   *I have to take tablets.*
des gouttes   *drops*
un sirop   *a (cough) mixture*
J'ai le cafard.   *I feel blue.*
Avez-vous quelque chose pour ça ?   *Have you anything for it?*

> **key point**
>
> For this section, you need to know a broad vocabulary, covering topics such as **food, countries, weather, pastimes, activities, school subjects, personal characteristics** and **health,** among others.

Television (*La télé*)

J'aime mieux regarder les feuilletons. *I prefer to watch the soaps.*
Quelquefois, ma sœur préfère les dessins animés. *Sometimes my sister prefers cartoons.*
Qu'est-ce qu'on passe sur la chaîne RTÉ ? *What's on RTÉ? (i.e. What are they showing on RTÉ?)*
On passe une émission de sport à 3 heures. *There's a sports programme on at 3 o'clock.*
Mon père regarde les informations, les actualités et la météo. *My father watches the news, current affairs and the weather.*
De temps en temps, j'aime les spots de publicité.
Sometimes I like the adverts.
Je trouve que les films policiers sont ennuyeux.
I find that detective films are boring.
Quant à moi, je regarde les films d'espionnage et d'horreur. *As for me, I watch spy and horror films.*

Section E

The topics covered in this section are short **news items and weather forecasts**. They are quite predictable.

- There are **5 to 6** very short news items.

- The section contains **10 questions** for **3 marks** each, with a total of **30 marks**.

- The material is played **twice**.

The following topics are the usual areas of news to come up on the paper:

The weather forecast *(La météo)*

 *Track 36*

The most common phrases to be heard are often in the future tense (naturally enough, since it's a forecast!).

Note: 'Faire' is a very common verb used to describe what the weather 'is doing'.

Il y aura des averses.   *There will/There'll be showers.*
Il y fera de l'orage.   *It will/It'll be stormy.*
Il fera beau.   *It'll be nice.*
Il fera chaud.   *It'll be hot.*
Il fera froid.   *It'll be cold.*
Il fera mauvais temps.   *The weather will be bad.*
Il fera un temps gris.   *It'll be overcast.*
Il neigera.   *It'll snow.*
Il pleuvra.   *It'll rain.*
Il fera un temps ensoleillé.   *The weather will be sunny.*
Il gèlera.   *It'll freeze.*
Il y aura des éclaircies.   *There'll be clear spells.*

un temps très nuageux/orageux/pluvieux   *very cloudy/stormy/rainy/weather*
un vent fort du sud-ouest   *a strong wind from the south-west*
quelques chutes de neige sur la région parisienne   *snowfalls on the Paris area*
des vents faibles à modérés sur les côtes
      some light to moderate winds on the coasts
L'orage a provoqué des inondations.
      The storm has caused floods.
Demain, il fera très chaud dans la région
      parisienne.   *Tomorrow it will be very
      warm in the Paris area.*
Les températures maximales atteindront
      (*not:* attendront) 20°C.   *Maximum
      temperatures will reach 20°C.*

Note also times:

hier *yesterday*
aujourd'hui *today*
demain *tomorrow*
cet après-midi *this afternoon*

plus tard *later*
la semaine dernière *last week*
l'année prochaine *next year*

Note also areas in France:

la Bretagne *Brittany*
le Midi *the south of France*

nord/sud/est/ouest *north/south/east/west*

In the following sections, note the vocabulary in **bold red type** that is often used in news items:

Track 37

Accidents (*Les accidents*)

Cela **a fait** dix-huit morts et trente blessés. *It caused 18 deaths and 30 injured.*
Une moto est **entrée en collision** avec une voiture. *A motorbike collided with a car.*
Le garçon a été **renversé** par un vélo. *The boy was knocked down by a bike.*
Il est **grièvement/légèrement blessé** à l'hôpital. *He is seriously/slightly injured in hospital.*

Un homme et son chien **ont trouvé la mort** dans un incendie. *A man and his dog died in a fire.*

Un camion **est tombé en panne.** *A lorry broke down.*

L'accident **a eu lieu** à deux heures sur la RN12. *The accident happened at 2 o'clock on the RN12* (stands for: 'Route Nationale 12').

Le tremblement de terre, qui **s'est passé** au Mexique, a fait mille morts. *The earthquake, which happened in Mexico, caused 1000 deaths.*

Note the various ways that verbs are translated in news items, e.g. 'caused', 'happened', 'died', 'broke down'.

Track 38

Sports (*Les sports*)

Dans le Tournoi des Six Nations, l'Angleterre a battu la France 12 points à 5. *In the Six Nations Tournament, England beat France 12 to 5.*

La Croatie a atteint la finale de la Coupe Davis pour la première fois. *Croatia reached the final of the Davis Cup for the first time.*

L'Irlande a gagné une médaille d'argent en boxe lors des Jeux Olympiques. *Ireland won a silver medal in boxing in the Olympics.*

Dans la Première Ligue anglaise, Fulham **a fait match nul** avec Everton 1 à 1. *In the English Premier League, Fulham **drew** with Everton 1 all.*

 *Track 39*

Crime (*La criminalité*)

Trois hommes masqués portant de fusils **ont braqué** une agence de la Caisse d'Épargne. *Three masked men carrying guns **robbed** a branch of the Savings Bank.*

Une femme de quarante ans a été victime d'une **agression** dans la rue à Metz. *A woman of 40 years was the victim of an **assault** in the street in Metz.*

L'agresseur s'est enfui à pied. *The attacker took off on foot.*

Deux kilos de cocaïne ont été découverts dans le coffre d'une Renault par les **douaniers** suisses à la **frontière** allemande. *Two kilos of cocaine were discovered in the boot of a Renault car by Swiss **customs officers** at the German **border**.*

Track 40

Politics (*La politique*)

Le Premier ministre du Portugal a visité la Hongrie pour discuter du commerce entre les deux pays. *The Prime Minister of Portugal went to Hungary to discuss trade between the two countries.*

Le mois dernier, la Bulgarie a posé sa candidature pour **s'intégrer** à l'Union européenne. *Last month, Bulgaria applied **to join** the EU.*

 *Track 41*

Natural disasters (*Les catastrophes naturelles*)

Des pluies torrentielles sont tombées sur la région de l'Alsace, provoquant des **inondations** exceptionnelles. *Torrential rain fell on the Alsace region, causing major **floods**.*

Causes of accidents and natural disasters …

You have already met the vocabulary for the times of accidents/weather forecasts, etc., but you will frequently also be asked for the causes of certain events:

Il y avait du verglas.   *There was black ice.*
Les routes étaient glissantes.   *The roads were slippery.*
Il a glissé.   *He slipped.*
Il y avait des averses.   *There were showers.*
Il a neigé pendant toute la nuit.   *It snowed the whole night.*
La sécheresse a provoqué des incendies.   *The drought caused fires.*
Elle roulait trop vite.   *She was driving too quickly.*
L'homme a grillé le feu.   *The man went through the lights.*
Le garçon a traversé la rue sans regarder à gauche.   *The boy crossed the street without looking left.*
Le camion est tombé en panne sèche.   *The lorry ran out of petrol (literally: 'broke down dry').*

… And consequences

It is also worth knowing some consequences of these serious events:

Le garçon a été transporté à l'hôpital.   *The boy was taken to hospital.*
Les enfants sont sortis par la fenêtre ouverte.   *The children got out by the open window.*
Le cambrioleur a été emmené au commissariat.   *The burglar was brought to the police station.*
La femme a été sauvée par les pompiers.   *The woman was rescued by the firemen.*
Le motard a reçu trois points sur son permis de conduire.   *The motorcyclist got three points on his driving licence.*

Sample Listening Comprehension exercises

Listen to the sample Listening Comprehension on your CD and answer the following questions. Then check your answers using the Listening Transcripts at the back of the book (pages 165–168). **Each track is played once here**, but in the exam each track in sections A, C and E is played **twice** and those in sections B and D are played **three times.**

Section A

 *Tracks 42–44*

You will hear **three separate conversations**. Listen carefully and in the case of each conversation, say whether the people involved are talking about:

(a) borrowing something.
(b) looking for something they lost.
(c) visiting the doctor.
(d) asking for advice at the chemist's.
(e) going out to see friends.

Conversation 1 – Track 42	
Conversation 2 – Track 43	
Conversation 3 – Track 44	

Section B

 *Track 45*

Question 1

Listen to Sandrine talking about herself and fill in, **in English**, the details required below.

NAME	*Sandrine*
Age	
Birthday	
Hair colour	
Nationality	
Brothers and sisters	
Mother's job	
Hobbies (mention one)	
Future occupation	

Question 2

 Track 46

Listen to Henri talking about himself and fill in, **in English**, the details required below.

NAME	*Henri*
City	
Age	
Birthday	
Brothers and sisters	
Father's job	
Eye colour	
Favourite sport	
Future occupation	

Section C

You will hear **five separate conversations**. Listen carefully and answer the questions in English.

Question 1

 Track 47

(i) For what evening does the lady wish to reserve a table?
(ii) Spell her surname.

Question 2

 Track 48

(i) Where was the lady's handbag stolen?
(ii) Describe the handbag. (2 details)

Question 3

 Track 49

(i) Where does the man wish to go?
(ii) Give the directions.

Question 4

 Track 50

(i) At what time does the train leave?
(ii) From which platform?

Question 5

 Track 51

(i) What does the lady order for the main course?
(ii) What does the man order for his starter?

Section D
 Track 52

Two friends, Anne and Paul, meet each other one day. Listen carefully and answer the questions in English.

Question 1

(i) Anne hasn't seen Paul for a few weeks. True or false?
(ii) Where did Paul work?

Question 2

(i) How long had he been working there?
(ii) Why did Paul lose his job?

Question 3

(i) On what day is Anne's birthday?
(ii) How old will she be?

Question 4

(i) Why does Paul doubt that he will be able to attend Anne's party?
(ii) When will he let her know if he can attend?

Question 5

(i) Who is Lorraine?
(ii) What is Anne's mobile phone number?

Section E

You will hear **four separate radio news items and one weather report**. Listen carefully and answer the questions in English.

Question 1   *Track 53*

(i) What vehicles were involved in the accident?
(ii) What were the victim's injuries?

Question 2   *Track 54*

(i) What country did the prime minister visit?
(ii) What was the purpose of the visit?

Question 3   *Track 55*

(i) What country did Ireland play against at Croke Park?
(ii) What was the final score?

Question 4   *Track 56*

(i) In what city did this bank robbery take place?
(ii) How much money did the robbers steal?

Question 5   *Track 57*

What is the weather forecast (cloudy – rainy – sunny spells – stormy – foggy – windy)
(i) in the morning?
(ii) in the afternoon?

2 Reading Comprehension

Overview

The **Reading Comprehension** section of the exam is worth 100 marks (31% of the total).

It contains **9 comprehensions** for 100 marks. The marks are **not evenly distributed.**

Question 1 is an easy starter in which you merely have to recognise **signs/notices**, e.g. 'aire de repos, la mairie, sens unique' (2 questions).

Questions 2–4 comprise brief reading passages involving **recipes, hotel/restaurant adverts, information leaflets, horoscopes**, and so on. They are not too challenging (usually 10 questions).

Questions 5–8 are more difficult and carry more marks. They contain longer passages based on actual news items about **sport, crime, events, book reviews, tragedies, human interest stories**, etc. (usually 20 questions).

Lastly, question 9 is usually a **profile** of a French **celebrity**, such as a footballer, a singer or an actor. It is the longest passage in this section (usually 8–10 questions).

To make life easier, most questions tell you in **which paragraph** you will find the answers.

I recommend that when doing the exam you answer the Reading Comprehension questions first, for **three** reasons:

1 You are reading French and **answering in English**. This is easier than translating your thoughts into French, as in the Written section.

2 In this section, you are already **thinking in French** to an extent, and will probably remember verbs and vocabulary faster.

3 You may even spot **a phrase, a noun** or **a past tense** in the comprehensions which you could then **use in the Written section**.

The **Reading Comprehension** section in this book is subdivided into **6 complete exercises**.

Each exercise contains **9 different comprehension** pieces, as in the exam.

Solutions to the exercises can be found at the end of the chapter (pages 68–76).

1 You should **read the questions first, then read the text.** That way, you know what to expect.

2 Always **be clear about the question.** Never presume! Read each question carefully, e.g. does it say 'What is **not** included in the recipe?' or 'What **is** included in the recipe?'

3 With **MCQs**, if you are not sure, **make an educated guess.** Remember, as mentioned earlier, you have one chance in four of being right.

4 Furthermore, if you eliminate the other options in an MCQ, **you can arrive at the right answer** even if you don't know what it means.

5 For every comprehension passage, there should be a **title**. Try to understand it. It's **usually a clue to the central point** of the passage – and is therefore a hint for the answer to the central question.

6 **Don't write irrelevant material.** This could reduce your marks. For example, if you have to name two countries that someone visited, do not name **six** so as to 'hit on' the correct two. You can actually lose marks if you do this!

7 **Read the whole passage before answering the questions.** The reason is that a full reading gives you the **gist of the text** – the tenses, time, setting, background, characters, theme, etc.

8 Remember, **you don't have to understand every word** in the passage. If there's a question about renting bikes, for example, then look for something like 'location de vélos' and take it from there. In this way, you can save time and eliminate irrelevant material.

9 The **questions** are arranged in the **same order as the answers** appear in the text. There are no tricks!

10 **Underline the important question words**, i.e. 'Why?' 'In what way?' 'Explain'. This helps you to focus attention on them and avoid any misunderstanding.

11 Remember! Always **answer** the comprehension questions **in English – NOT in French** (except for proper names, e.g. Lille or Hélène).

12 Remember that **this section should be answered first, before the Written section**, as it will help to adjust your mind to thinking more in French, and so make fewer mistakes.

Vocabulary

Before you embark on the exercises, there now follow some **useful expressions** relating to the first few comprehension questions.

Signs

sortie de camions *lorries exiting*

voie sans issue *cul de sac*

sens unique *one-way*

sortie de secours *emergency exit*

toutes directions *all routes*

aire de jeux *play area*

aire de repos *rest area*

péage *toll booth*

défense de stationner *no parking*

déviation *detour*

usine *factory*

centre commercial *shopping mall*

quai *platform (railway)*

correspondance *(train) connection*

salle d'attente *waiting room*

renseignements *information*

guichet *(ticket/post office) counter*

consigne automatique *(left-luggage) locker*

Ingredients

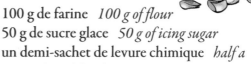

un jaune d'œuf *an egg yolk*

une cuillerée de sucre *a spoonful of sugar*

une cuillerée à café d'huile *a teaspoonful of oil*

deux cuillerées à soupe de lait *two soupspoonfuls of milk*

une tranche de jambon *a slice of ham*

une bouteille d'eau *a bottle of water*

de la crème fraîche *some fresh cream*

100 g de farine *100 g of flour*

50 g de sucre glace *50 g of icing sugar*

un demi-sachet de levure chimique *half a sachet of dried yeast*

des gousses d'ail *cloves of garlic*

du persil *parsley*

des tomates farcies *stuffed tomatoes*

du sel et du poivre *salt and pepper*

Instructions

Saupoudrez le sucre en poudre.   *Sprinkle the powdered sugar.*
Chauffez le mélange.   *Heat the mixture.*
Fouettez la crème.   *Whip the cream.*
Mélangez bien.   *Mix well.*
Ajoutez le vin.   *Add the wine.*
Faites cuire le bœuf.   *Cook the beef.*
Faites fondre le chocolat.   *Melt the chocolate.*
Versez le beurre fondu.   *Pour the melted butter.*
Battez les œufs.   *Beat the eggs.*
Épluchez les légumes.   *Peel the vegetables.*
Salez et poivrez.   *Add salt and pepper.*

Sample Reading Comprehension exercises

The answers to these comprehension exercises are to be found at the end of the chapter, starting on page 68.

Exercise 1

Question 1: Signs

Read the questions and choose the correct answer.

    (i) If a shopper wanted to go to a jeweller's, what sign would he/she look for?

        (a) Mercerie   ❐

        (b) Bijouterie   ❐

        (c) Boulangerie   ❐

        (d) Boucherie   ❐

   (ii) If the same shopper wished to buy nuts and bolts, where would he/she go?

        (a) Bibliothèque   ❐

        (b) Laiterie   ❐

        (c) Quincaillerie   ❐

        (d) Librairie   ❐

Question 2

Read the health information leaflet, then answer the questions.

GRATUIT
Information pour tous ceux
qui fument

**Ce bon est à découper
et à retourner à :**

Centre de Recherche et d'Information
Le Mont Vial
06707 Saint-Laurent-du-Var cedex

- ✂ - -

Veuillez S.V.P. indiquer :

Votre âge : . . . .

Depuis quel âge fumez-vous ? . . . .

Combien de cigarettes par jour ? . . . . .

Blondes ❐   Brunes ❐

Quel est votre poids actuel ? . . . .

Nom : . . . .

Prénom : . . . .

Adresse : . . . .

Code postal : . . . .

Ville : . . . .

Oui, j'aimerais moi aussi perdre mon envie de fumer, vite et facilement. Votre offre entièrement gratuite m'intéresse. Il est bien entendu que cela ne m'engage absolument pas à acheter quoi que ce soit et que personne ne me rendra visite. Veuillez me faire parvenir votre envoi d'urgence, sous pli discret, sans aucune marque extérieure.

(i) How much does it cost?

(ii) For whom is this information intended?

(iii) One question on the form concerns a person's weight.

    True   ☐

    False   ☐

(iv) Which of the following statements is true?

    (a) I will definitely buy something.

    (b) Someone will contact me.

    (c) Nobody will call on me.

    (d) I don't have to give my first name.

Question 3

Read the ingredients and instructions, then answer the questions.

FONDUE AU CHOCOLAT

Pour 6 personnes

Préparation : 20 mn.

300 g de chocolat Menier Pâtissier

12 cl de crème fraîche

Pour la garniture, au choix :

- 1 kg de fruits (bananes, ananas, poires, cerises, kiwis, oranges, abricots, noix de coco, pommes, pruneaux)
- brioche, petits choux

1. Faites fondre le chocolat au bain-marie avec 2 cuillerées à soupe d'eau.

2. Mélangez la crème fraîche avec le chocolat fondu de façon à obtenir une sauce brillante et onctueuse.

3. Laissez cette sauce sur le feu sans la faire bouillir.

4. Plongez au choix dans cette fondue les quartiers de fruits, les morceaux de brioche, les petits choux.

5. Veillez à disposer sur la table de petites coupes de noisettes, noix ou amandes effilées pour saupoudrer la bouchée au dernier moment.

Vocabulary

pour la garniture *for dressing, as a trimming*	les morceaux de brioche *pieces of a bun*
au bain-marie *in a double saucepan*	veillez à disposer *make sure to have ready*
une sauce onctueuse *a smooth sauce*	amandes effilées *flaked almonds*

(i) What are the two central ingredients?

(ii) What is the first instruction regarding the chocolate?

(iii) What do you add to the chocolate in the second instruction?

(iv) According to the third instruction, what must you avoid while keeping the sauce warm?

Question 4: Jobs

Read the job advert, then answer the questions.

OFFRE D'EMPLOI

Tu as entre 20 et 25 ans.

Tu présentes bien.

Tu veux gagner de l'argent pendant les mois de juillet et août. Nous recherchons des filles et des garçons pour être :

VENDEUR/VENDEUSE ADIDAS

Rendez-vous au 3, rue du Louvre, entresol, de 10h à 13h les mercredi 22 et jeudi 23 juin.

Viens impérativement avec ton CV et une photo.

(i) What job is advertised here?
(ii) Name **two** requirements for the job:
    (a) ....
    (b) ....
(iii) What are the appointment **time** and **dates**?
    (a) ....
    (b) ....

Question 5

Read the newspaper article, then answer the questions.

TRAGIQUE MÉPRISE. Un retraité a tué son fils d'un coup de carabine de chasse samedi à Thiberville (Eure), car il l'avait pris pour un cambrioleur. Le retraité et sa femme étaient couchés lorsque la victime est entrée chez eux par effraction. Le père a alors saisi sa carabine et a tiré, tuant sur le coup son fils qu'il n'avait pas revu depuis plusieurs années à la suite de différends familiaux. Le meurtrier a été placé en garde à vue.

(i) Why did the pensioner kill his son?
(ii) How did the victim enter the house?
(iii) Why had the father and son not seen each other for several years?

Vocabulary

est entré(e) par effraction *broke in*	placé en garde à vue *kept in police custody*
sur le coup *on the spot, at once*	

Question 6

Read the newspaper article, then answer the questions.

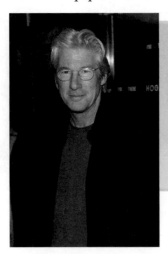

RICHARD GERE s'est fait expulser d'un magasin de chaussures à Londres ; en effet, la star, qui porte une barbe pour les besoins de son nouveau film, ressemblait tant à Monsieur Tout le Monde que le vendeur l'aurait pris pour un clochard !

Vocabulary

l'aurait pris	*would have taken him*
un clochard	*a down-and-out, a tramp*

(i) What kind of shop is it?

(ii) Why was Richard Gere thrown out of the shop?

Question 7

Read the newspaper article, then answer the questions.

PEINES DE MORT... AVEC SURSIS

Un trafiquant de drogue chinois a été condamné à mort et quinze autres à des peines allant de 15 ans de prison à la peine de mort assortie de deux ans de sursis par un tribunal de Shanghai, a annoncé vendredi le journal *China Daily*.

Deng Lisheng a été condamné à la peine capitale après avoir été arrêté en octobre dernier en possession de 305,5 grammes d'héroïne qu'il comptait revendre dans une boîte de nuit de Shanghai. Trois autres trafiquants ont été condamnés à la peine de mort avec deux ans de sursis. Cela signifie qu'au bout de deux ans de prison, en cas de bonne conduite, la peine de mort sera commuée en prison à vie.

En Chine, les condamnés à mort sont exécutés d'une balle tirée dans la nuque. Le coût de la balle est pris en charge par la famille du condamné. (AFP)

Vocabulary

deux ans de sursis	*suspended for two years*	une balle	*a bullet*
une boîte de nuit	*a nightclub*	la nuque	*the nape of the neck*
bonne conduite	*good behaviour*		

(i) What crime did the Chinese person condemned to death commit?

(ii) Where exactly was Deng Lisheng hoping to sell his merchandise?

(iii) What special condition applies to the death sentence of the 3 drug dealers?

(iv) How exactly is the death penalty carried out in China?

Question 8

Read the magazine article, then answer the questions.

L'AMAZONIE SOUS LA PROTECTION D'UN RÉSEAU DE RADARS

ILS SURVEILLERONT L'ENVIRONNEMENT ET LES TRAFIQUANTS

Le Brésil investit près de 5 milliards d'euros pour préserver le poumon vert de la planète.

1. Le gouvernement brésilien a annoncé qu'il avait décidé de confier à la société américaine Raytheon le projet d'implantation d'un vaste réseau radar en Amazonie (SIVAM) destiné non seulement à la surveillance aérienne de l'immense forêt, mais aussi à sa protection. Le SIVAM, qui fera partie du Système de protection de l'Amazonie (SIPAM), un territoire de quelque 5 millions de km² représentant 57% du territoire brésilien, nécessitera 8 ans de travaux.

2. Le coût du projet, qui inclut un contrôle permanent de l'environnement et le traitement des données reçues notamment par satellite, est évalué entre 600 millions et un milliard de dollars. Le réseau radar est destiné à assurer une couverture aérienne de l'Amazonie, aujourd'hui quasi inexistante, et à surveiller étroitement les trafiquants de drogue qui utilisent des aérodromes de fortune disséminés à travers l'immense forêt amazonienne pour distribuer clandestinement la cocaïne colombienne.

3. Le projet sera réalisé en trois étapes. D'abord, l'installation de radars et de moyens de télécommunications d'une valeur de quelque 500 à 600 millions de dollars. Puis l'implantation d'infrastructures par des entreprises brésiliennes (200 millions de dollars). Enfin, l'achat d'une dizaine d'avions de reconnaissance au constructeur brésilien Embraer d'une valeur estimée entre 400 et 500 millions de dollars.

Vocabulary

le poumon *lung*	qui fera partie de *which will be part of*
le réseau *network*	assurer *to guarantee*
destiné à *intended for*	une dizaine *about ten*

(i) Name **one** principal objective of setting up a huge radar system in Brazil. (paragraph 1)

(ii) How large is Amazonia? (paragraph 1)

(iii) How much will the project cost? (paragraph 2)

(iv) In how many stages will this project be achieved? (paragraph 3)

(v) What will be purchased in the final stage? (paragraph 3)

Question 9

Read the magazine interview, then answer the questions.

BIO EXPRESS : SOPHIE ELLIS BEXTOR

1. Après avoir contribué au succès du groupe anglais The Audience, Sophie Ellis Bextor s'est lancée dans une prometteuse carrière solo. Savant mélange d'électro et de disco, son premier album, *Read My Lips*, offre des titres pleins de peps taillés pour devenir des tubes. Mais la belle sait garder la tête froide.

Nom : Sophie Ellis Bextor.

Née le : 10 avril 1979, à Londres.

Signe astrologique : Bélier.

Nationalité : Britannique.

Signes particuliers : A cessé de fumer et essaie d'apprendre le français.

Études : Bac.

Premier succès : En 1997, au sein du groupe The Audience.

Premier single solo : *Take Me Home*, en 2001.

Premier album : *Read My Lips*, en 2002.

2. **Lolie : Comment as-tu enregistré cet album ?**

Sophie Ellis Bextor : Nous avons travaillé de novembre 2000 à juin 2001. Je voulais faire de la pop. J'avais une grosse pression à cause du succès du titre *Groovejet*, que j'avais enregistré avec DJ Spiller un an avant et qui a très bien marché dans toute l'Europe. Malgré tout, je crois que j'étais assez à l'aise.

L. : Est-ce vrai que Moby a refusé de travailler avec Madonna pour collaborer avec toi ?

S.E.B. : *(Rires.)* C'est ce que certaines personnes ont dit, mais cela n'a aucun rapport. Je l'ai rencontré à New York, dans son studio d'enregistrement, et nous avons échangé nos idées. Ce fut un vrai plaisir.

3. **L. : Tu as arrêté tes études à 18 ans, tu ne le regrettes pas ?**

S.E.B. : Non. Je crois que chacun suit son parcours. J'ai fini le lycée et j'ai eu le bac. Même si, pour l'instant, je n'en ai pas le projet, rien ne dit que je ne m'y remettrai pas plus tard. Je pense qu'il est important d'avoir une éducation et une bonne culture.

4. **L. : Ton conseil aux lectrices de *Lolie* pour séduire un garçon ?**

S.E.B. : Avant tout, restez cool, soyez amicales et souriez. Tout le monde est attiré par les gens qui rient et s'amusent. Et surtout, ne vous forcez pas à faire des choses dont vous n'avez pas envie !

L. : Est-ce important pour toi d'être une femme ?

S.E.B. : Oui ! Car sinon je ne pourrais pas porter les vêtements que j'aime ! *(Rires.)* Plus sérieusement, j'adore être une fille. Nous avons beaucoup de qualités : la gentillesse, la sensibilité, la douceur…

(i) She knows how to keep a cool head. True or false? (part 1)

(ii) What is Sophie's star sign? (part 1)

(iii) What has she stopped doing? (part 1)

(iv) Why did she come under so much pressure? (part 2)

(v) What was her connection with DJ Spiller? (part 2)

(vi) Where in New York did she meet Moby? (part 2)

(vii) Why does she not regret finishing her studies at 18? (part 3)

(viii) What advice does she give girls who want to attract a boy? (part 4)

(ix) What does Sophie advise girls not to do? (part 4)

(x) Mention **two** qualities that girls have, in Sophie's opinion. (part 4)

(a) ....

(b) ....

See solutions to exercise 1 pages 68–69.

Exercise 2

Question 1: Signs

Read the questions and choose the correct answer.

   (**i**) Which of the following is a police station?

      (**a**) Station ☐

      (**b**) Gare ☐

      (**c**) Routier ☐

      (**d**) Commissariat ☐

   (**ii**) Which sign would tell you that a shop is having a sale?

      (**a**) Soldes ☐

      (**b**) Vente ☐

      (**c**) Achat ☐

      (**d**) Produits ☐

Question 2

Read the advert, then answer the questions.

À VOS MARQUES

La marque Lacoste, représentée par le fameux crocodile vert, complète sa collection printemps-été destinée aux enfants par un modèle de chaussures en toile, à lacets, décliné dans les coloris classiques du polo : blanc, bleu marine, rouge et vert gazon. Ce modèle existe du 28 au 34 (25 €). M.–C. C.

BOUTIQUE LACOSTE
37, BOULEVARD DES CAPUCINES
75002 PARIS

Vocabulary

la marque   *brand*

   (**i**) For what time of year are these shoes made?

  (**ii**) For whom are they intended?

 (**iii**) In what colours are they being made available? (Name **two**.)

     (**a**) ....

     (**b**) ....

Question 3

Read the ingredients and instructions, then answer the questions.

STEAK TARTARE

Pour 4 personnes

Préparation 10 mn.
600 g de bœuf haché, 2 jaunes d'œufs, 1 oignon, 1 échalote,
1 cuil. à café de câpres, persil, ketchup, poivre en grains, sel,
Worcestershire sauce, Tabasco, huile.

La garniture : 12 tranches de pain de mie, 2 endives.

1. Choisissez de beaux morceaux de rumsteck maigre et faites-les hacher par votre boucher. Dans un saladier ou un grand plat creux, commencez par assaisonner généreusement la viande avec sel et poivre en grains moulu. Hachez finement l'oignon, l'échalote et le persil. Mélanger ces aromates à la viande.

2. Complétez avec les jaunes d'œufs, les câpres, 1 cuil. à soupe de ketchup, 1/2 cuil. à café de Tabasco. Liez avec un filet d'huile, mélangez énergiquement le tout pour obtenir une mixture homogène.

3. Rincez les endives et coupez-les en deux. Creusez la partie amère à la base. Dans un plat de service, disposez la viande, décorez avec du persil. Dressez autour les tranches de pain de mie grillées ainsi que les moitiés d'endives. Les feuilles d'endives et les toasts pourront être croqués après avoir été garnis de viande.

Vocabulary

une échalote *shallot*	une endive *chicory*
les câpres *capers*	un plat creux *a (hollow) serving dish*
le persil *parsley*	des aromates *seasoning*
du pain de mie *sandwich bread (loaf)*	

(i) How much minced meat is required?

(ii) What should you ask your butcher to do? (instruction 1)

(iii) How do you begin the preparation? (instruction 1)

(iv) What do you add to the meat? (**two** details) (instruction 2)

Question 4

Read the newspaper article, then answer the questions.

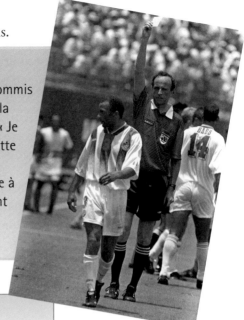

L'AVEU DE ROETHLISBERGER

L'arbitre suisse Kurt Roethlisberger a reconnu avoir commis une erreur en ne sifflant pas un penalty en faveur de la Belgique lors du match gagné (3–2) par l'Allemagne. « Je suis confus, mais un joueur me bouchait la vue sur cette action et je n'ai pas vu la faute », a confié le « sifflet helvétique », pour qui la Coupe du monde s'est arrêtée à Chicago. Une mince consolation pour la Belgique, dont la réclamation officielle n'a aucune chance d'aboutir.

Vocabulary

lors du *at the time of*		aboutir *to succeed*
mince *slight, thin*		

   (i) What nationality is Kurt Roethlisberger?
 (ii) What has he admitted?
(iii) What is his explanation for the decision that he made during the match?
(iv) Which country won the match?

Question 5

Read the newspaper article, then answer the questions.

ENFANT SAUVAGE EN ROUMANIE

1. Un « enfant sauvage » découvert il y a deux ans en Roumanie et placé dans un foyer n'a toujours pas réussi à rompre avec ses habitudes, puisqu'il continue à téter la chienne qui lui aurait servi de protectrice, a rapporté l'agence roumaine Rompres.

2. Abandonné par sa mère biologique, Sorin, un petit garçon de 9 ans, communique notamment par aboiements avec sa chienne et partage avec elle la nourriture qu'il reçoit au foyer du département d'Arges (dans le sud du pays) qui les a accueillis. Malgré les efforts des éducateurs, le petit garçon, dont l'histoire est rapportée pour la première fois, n'arrive toujours pas à parler ni à se faire des amis parmi les autres enfants du foyer.

Vocabulary

rompre avec *to break with*	
qui les a accueillis *who took them in (welcomed/accepted them)*	

 (i) Why was the child living in the wild? (paragraph 2)
(ii) What **one** thing has Sorin failed to do, despite his teachers' efforts? (paragraph 2)

Question 6

Read the newspaper article, then answer the questions.

Un violent orage qui s'est abattu sur Paris, hier, a provoqué des inondations sur son passage et entraîné en particulier 20 000 coupures de courant dans le 16ᵉ arrondissement de Paris. Par ailleurs, une femme de cinquante-deux ans est décédée hier matin dans l'Ain, après avoir été foudroyée, et des orages ont causé d'importants dégâts dans la région de Toulon-sur-Arroux et de Montceau-les-Mines dans le départment voisin, la Saône-et-Loire.

(i) Mention **one** result of the violent storm which raged through Paris.

(ii) What district in Paris was particularly affected?

(iii) How did the 52-year-old woman die?

Question 7

Read the newspaper article, then answer the questions.

CRI D'ALARME

LE TIERS-MONDE MANQUE DE VACCINS

L'Organisation mondiale de la santé, l'Unicef et la Banque mondiale viennent de publier un rapport alarmant sur le manque de vaccins dans les pays en voie de développement. Le risque numéro un : voir se propager à nouveau des maladies que l'on pensait enrayées comme la tuberculose et le tétanos. « Dans de nombreuses régions du monde, il est habituel, et non pas exceptionnel, que des enfants

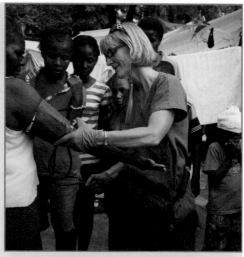

meurent de maladies courantes comme la rougeole qui, à elle seule, est responsable de 700 000 décès par an. Nous devons agir rapidement pour garantir partout, aux enfants comme aux adultes, l'accès aux vaccins indispensables », a déclaré le docteur Gro Harlem Brundtland, directeur général de l'OMS.

(i) Name **two** organisations that have published a report on developing countries.

(a) ....

(b) ....

(ii) What problem is highlighted in the report?

(iii) What disease is responsible for 700,000 deaths?

(iv) What must be guaranteed, according to Dr Brundtland?

Question 8

Read the newspaper article, then answer the questions.

L'ESCAPADE DE SAMMY...

Le panneau interdisant les baignades à cause de la présence de crocodiles n'est plus d'actualité au lac de Dormagen, en Allemagne : Sammy, le crocodile en vadrouille sur ses berges, a enfin été capturé. Dimanche dernier, l'animal, un caïman âgé de huit ans, avait été amené sur les rives du lac artificiel

par son maître, qui voulait le rafraîchir pendant la canicule.
Sammy avait apprécié la liberté et pris la poudre d'escampette, semant la panique parmi les 8 000 baigneurs.

Le Soir

Vocabulary

le panneau *sign*	un caïman *cayman*
interdire *to forbid*	prendre la poudre d'escampette *to*
en vadrouille *on a ramble*	*skedaddle*
ses berges *its banks (for a lake or river)*	

(i) In what country did this incident take place?
(ii) Why should swimmers no longer be afraid?
(iii) How old is the cayman?
(iv) What does the number 8,000 refer to?

Question 9

Read the magazine interview, then answer the questions.

MILEY CYRUS

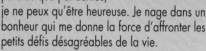

Miley dit tout !

DESTINÉE ET ESPOIR

1. Bonjour, Miley. Qu'est-ce que les spectateurs vont aimer dans le film *Hannah Montana* ?

Je pense que les gens vont aimer ce film car il s'agit d'un fantasme que tout le monde partage, celui de devenir une superstar mondiale. L'histoire fait appel à l'imagination, elle est pleine d'humour et de sensibilité. C'est un peu comme une histoire de superhéros pour les filles.

2. Quelles sont les épreuves que Miley et Hanna vont devoir traverser ?

Il s'agit d'un voyage personnel: Miley part en quête de l'identité qu'elle a perdu. Au début, Hannah et Miley sont deux personnes différentes. Hannah est l'alter ego de Miley, celle qui lui permet de vivre son rêve. Grâce à cette identité secrète, Miley peut vivre une vie normale, rester proche de ses amis et de sa famille. Seulement, Hannah commence à prendre le dessus sur la vie de Miley, ce qui risque de gâcher sa vie privée. C'est pourquoi elle revient vers ses racines, dans son pays, le Tennessee. Ce qui va lui permettre de douter, de devenir vulnérable, de perdre cette assurance de star et de s'interroger sur ce qui compte vraiment dans la vie. On la voit ainsi grandir et évoluer, c'est pour ça que le film est superbe, l'histoire est beaucoup plus réaliste que dans la série.

3. En avez-vous déjà eu marre de toute cette célébrité et de tout ce travail ?

Quel que soit notre métier, il y a toujours des moments où l'on est stressé et mécontent. Mais j'aime mon travail et quand je suis face à un public de dix mille filles qui chantent les paroles que j'ai écrites, je ne peux qu'être heureuse. Je nage dans un bonheur qui me donne la force d'affronter les petits défis désagréables de la vie.

4. Il y a certaines scènes très physiques dans le film, cela n'a pas été trop difficile de les tourner ?

J'aime la comédie physique, parce que je suis très sportive et un peu garçon manqué, donc j'aime apprendre à faire différentes cascades. Je trouve que c'est amusant et très intéressant !

5. Un dernier mot sur le film *Hannah Montana* ?

Je pense que s'il y a bien une chose qu'il faut retenir, c'est de ne jamais oublier d'où l'on vient. D'être en accord avec ce que l'on est, et d'apprendre à se retrouver lorsque l'on se sent perdu.

Star Inside, n° 3 ; juin–juillet 2009, p. 26

  (i) Describe the fantasy in Miley Cyrus' new film. (part 1)

 (ii) Mention **two** aspects of the film. (part 1)

    (a) ....

    (b) ....

(iii) What does her secret identity allow Miley to do? (part 2)

(iv) What does returning to her roots in Tennessee cause Miley to do? (**two details**) (part 2)

    (a) ....

    (b) ....

 (v) How does she feel when she hears 10,000 girls singing her songs? (part 3)

 (vi) What does happiness enable Miley to do? (part 3)

(vii) How does she describe herself? (**two details**) (part 4)

(viii) What is so important for her to remember? (part 5)

See solutions to exercise 2 pages 69–70.

Exercise 3

Question 1

Read the questions and choose the correct answer.

    (**i**) The following are types of French TV programmes; which one means 'soap operas'?

        (**a**) Variétés   ❐

        (**b**) Informations   ❐

        (**c**) Météo   ❐

        (**d**) Feuilletons   ❐

    (**ii**) The following signs are seen in French towns. Which is the sign for a 'park'?

        (**a**) Jardin public   ❐

        (**b**) Mairie   ❐

        (**c**) Piscine   ❐

        (**d**) Église   ❐

Question 2

Read the leaflet, then answer the questions.

TGV

FORMULE SPÉCIALE : DÉJEUNEZ À LYON !

- Départ de Paris Gare de Lyon à 8 h 15.
- Arrivée à Lyon Perrache à 11 h 05.
- Déjeuner copieux dans les salons de l'hôtel Terminus : saucisson sec, poularde demi-deuil avec sa sauce suprême, légumes, fromages régionaux, desserts.
- Après-midi libre.
- Départ de Lyon Perrache à 15 h 50 le mercredi, à 16 h 50 le samedi.
- Arrivée à Paris Gare de Lyon à 18 h 40 le mercredi, à 19 h 47 le samedi.

Prix par personne : 80 €. AR en TGV 2ᵉ classe + repas (voir le menu ci–dessus).

CONSULTEZ VOTRE AGENCE DE VOYAGES POUR LES DÉPARTS DE PROVINCE.

De Paris, départ tous les mercredis et samedis du 2/4 au 28/9.

    (**i**) Mention **two** types of food included in the 'copious lunch' at the Terminus Hotel.

        (**a**) ....

        (**b**) ....

  (**ii**) What is included in the price of €80?

  (**iii**) Where can one find information about this day trip?

  (**iv**) How frequent are these day trips from Paris to Lyon?

Question 3

Read the newspaper article, then answer the questions.

> **RELIGION**
>
> **Le père Antoine Girardin** a reçu hier, trente-quatre ans après sa mort, le titre de Juste parmi les nations, décerné par le mémorial Yad Vashem de Jérusalem aux non-juifs ayant sauvé la vie de juifs au péril de leur propre vie. Pendant la Seconde Guerre mondiale, le prêtre avait caché, dans son presbytère, à Saint-Jean-la-Vêtre (Loire), un bourg de 387 habitants, un commerçant israélite recherché par la Gestapo.

  (i) When was Father Antoine honoured with the title of 'Juste'?

 (ii) Why did he receive this honour?

(iii) For whom were the Gestapo searching?

Question 4

Read the adverts for accommodation, then answer the questions.

JARDIN DU LUXEMBOURG
Immeuble caractère. Appt rénové,
3e ét., dble séj., 2 chambres, cuis. et
s. de bains équipées.
01 42 93 65 59.

JARDIN DES PLANTES
65 m² + balc. 7e ét., asc. Vue.
350 000 €. 01 42 93 15 02.

JARDIN DES PLANTES
2 p., cuis., bains, calme.
Imm. pierre de t.
175 000 €. Impeccable.
01 43 26 22 63.

STUDIOS LUMINEUX
R. de la Harpe, 24 m².
R. Cardinal-Lemoine 20 m².
DARY IMMO :
01 40 51 06 07.

PANTHÉON
Studio poutres apparentes
40 m². 212 000 €.
Parfait état. 01 43 59 12 96.

GARE D'AUSTERLITZ
Séj. + 1 chbre. 275 000 €.
LOISELET DAIGREMONT :
01 46 47 42 37 le matin.

What number would you ring:

  (i) if you wanted a bedsit in perfect condition?

 (ii) if you wanted an apartment in a block with a lift?

(iii) if you preferred a flat with a double sitting-room?

Question 5

Read the newspaper article, then answer the questions.

HOLD-UP MEURTRIER

Châtelet. – Le gérant d'une agence hippique de Châtelet, près de Charleroi, a été abattu par deux hommes, dimanche. Ils ont emporté le tiroir-caisse et tiré une seule balle à bout portant dans la poitrine du gérant, âgé de 57 ans, qui est mort à l'hôpital. Les deux assassins se sont enfuis dans une Porsche de couleur beige.

   (i) What sort of business did the victim manage?
  (ii) What did they steal?
 (iii) How did the robbers kill the manager?

Question 6

Read the newspaper article, then answer the questions.

CHIRURGIE

La greffée trouve son visage « mieux qu'avant »

1. « Elle va impeccablement bien. Elle est très heureuse. » Selon le médecin qui l'a opérée, Isabelle D., cette mère de famille de 38 ans qui a bénéficié la semaine dernière à Amiens (Somme) de la première greffe partielle de visage au monde, entame une convalescence prometteuse. « L'aspect du greffon est normal », a assuré hier le professeur Dubemard, chef du service chirurgie à l'hôpital Édouard-Herriot de Lyon (Rhône), où la patiente a été transportée pour la phase postopératoire. Elle trouve même son visage mieux qu'avant, voilà de quoi balayer les controverses éthiques.

2. La jeune femme, originaire de Valenciennes (Nord) et mère de deux enfants, avait été gravement défigurée par son chien en mai dernier. Lors de cette intervention inédite, on lui a apposé le triangle nez-lèvres-menton provenant d'une donneuse, et il faut maintenant s'assurer qu'il ne sera pas rejeté. Sa sortie de l'établissement n'est donc pas prévue avant quatre à six semaines. Mais elle n'en aura pas fini pour autant puisque, selon les spécialistes, il lui faudra au moins six mois avant de retrouver les mêmes motricité et sensibilité qu'avec son visage précédent, sans compter les effets psychologiques à surmonter.

   (i) What was so unusual about Isabelle's operation? (paragraph 1)
  (ii) Who is Professor Dubemard? (paragraph 1)
 (iii) What incident persuaded her to have this operation? (paragraph 2)
 (iv) Name **one** part of the body offered by the donor. (paragraph 2)

Question 7

Read the magazine article, then answer the questions.

ÉTHOLOGIE
DES ANIMAUX DOUÉS DE RAISON

le gorille

l'éléphant

Rusés, futés et sensibles… En 2005, ils nous ont épatés. Les primatologues n'avaient jamais vu de gorilles sauvages manier un outil. Après le gorille sondeur d'eau et bâtisseur de pont (ÇM* n° 297), voici **le gorille** casse-noix, capable d'extraire l'huile des noix de palmier.

zéro. Une notion abstraite que nous saisissons vers 3 ans !

Autre idée complexe : la mort. On savait que **les éléphants** sont perturbés par le trépas de leurs semblables. On les découvre respectueux des ossements des disparus, qu'ils caressent de leur trompe.

le perroquet

la souris

Les ornithologues, eux, ont démontré qu'avec son minuscule cerveau **le perroquet** gris comprend le concept du

Et celle dont on pensait tout savoir, **la souris**, a également révélé un talent caché. Pour séduire, le mâle chante ! Des mélodies dignes d'un oiseau, mais en ultrasons.

Ça m'intéresse

ÇM = Ça m'intéresse (name of French magazine)

Vocabulary

futés *crafty*	épater *to impress*

(i) Mention **two** things that a gorilla can do.

   (a) ....

   (b) ....

(ii) What have ornithologists discovered about parrots? (**one** detail)

(iii) How do elephants show respect for the dead?

(iv) How does a male mouse attract a female?

Question 8

Read the magazine article, then answer the questions.

SPÉCIAL NATURE 2005

LE REQUIN EST-IL DEVENU NOTRE MEILLEUR AMI ?

Qui menace l'autre ? Les requins, qui tuent en moyenne 5 humains par an, ou l'homme, qui pêche 100 millions de squales chaque année ? 2005 aura marqué un tournant dans notre approche du prédateur. Désormais, on le protège : en Polynésie française, les autorités s'apprêtent à bannir la pêche aux ailerons et à ériger les passes en sanctuaires. On l'étudie : Fabien Cousteau, neveu du commandant, lance le robot Troy pour observer le grand requin blanc. En Australie, enfin, le requin-taureau est menacé... par lui-même. Les petits s'entre-dévorent dans le ventre de la mère, aussi des chercheurs vont-ils les reproduire en éprouvette !

Vocabulary

la pêche aux ailerons *finning (catching sharks and cutting off their fins for shark fin soup)*	
une éprouvette *test tube*	

(i) Which sea creature might have become 'our best friend'?

(ii) Why did the year 2005 mark a turning point?

(iii) What has French Polynesia decided to do?

(iv) What problem does Australia have regarding this creature?

Question 9

Read the magazine interview, then answer the questions.

Dr Dustin et Mr Hoffman
Par notre correspondant à Los Angeles

Dustin Hoffman, 58 ans, oscarisé deux fois en trente ans de carrière, change de registre avec *Alerte !*, thriller médical sur l'origine d'un virus mortel qui ravage une petite ville des États-Unis et risque d'anéantir le pays entier.

1. **L'Express : On n'a pas l'habitude de vous voir dans ce genre de film...**

    Dustin Hoffman : Je m'y trouve d'ailleurs par accident. Harrison Ford tenait à prendre une année sabbatique et Tom Cruise avait refusé le rôle.

2. **Comment choisissez-vous vos rôles ?**

    Je suis curieux de nature et toujours prêt à croire que, si je m'intéresse à quelque chose, le public s'y intéressera aussi. Je m'efforce de continuer à faire des films qui me surprennent.

3. **Quel est pour vous l'aspect le plus frustrant de ce métier ?**

    De ne pouvoir donner que rarement le meilleur de soi-même. Un sculpteur a tout loisir de revenir sur son œuvre, de la modifier, s'il n'est pas satisfait. Au théâtre, vous avez l'occasion d'améliorer votre prestation au fur et à mesure des représentations... C'est cela, l'art. Et c'est ce qu'un film devrait toujours être. Malheureusement, on vous refuse le droit à l'erreur.

4. **En 1966, vous avez tourné une publicité pour Volkswagen. Quelle était votre ambition, à cette époque ?**

    De travailler régulièrement. Je venais de me faire connaître au théâtre, off-Broadway, après avoir aussi mis en scène quelques pièces, et pour la première fois, je n'avais plus besoin de travailler comme serveur ou garçon de salle pour survivre.

    L'Express

Vocabulary

anéantir *to annihilate*	son œuvre *his work*
on a l'habitude de (voir) *we're used to (seeing)*	améliorer sa prestation *to improve one's performance*
tenir à *to be intent on*	au fur et à mesure *as you go along*
je m'efforce de *I try to*	tourner *to film/act in*

(i) How many times has Dustin Hoffman won an Oscar? (introduction)

(ii) For how many years has he been an actor? (introduction)

(iii) Describe, briefly, the theme of the film *Alerte ! (Outbreak)* (introduction)

(iv) Was Hoffman the first choice for the role? Justify your answer. (part 1)

(v) How does he describe himself? (part 2)

(vi) On what basis does he choose his roles? (Give **one** point) (part 2)

(vii) What does Hoffman find most frustrating about his job? (part 3)

(viii) According to Hoffman, what advantage does a sculptor have in his job? (part 3)

(ix) What is the advantage of acting in theatre? (part 3)

(x) When he appeared in an advertisement for Volkswagen, what was his ambition at that time? (part 4)

(xi) Name one previous job that Hoffman had outside acting. (part 4)

See solutions to exercise 3 pages 70–72.

Exercise 4

Question 1

Read the questions and choose the correct answer.

(i) Which of the following refers to 'tyres' in a garage?

    (a) Tire   ❏

    (b) Pneu   ❏

    (c) Caoutchouc   ❏

    (d) Guidon   ❏

(ii) Also in a garage, which word tells you about the make of car?

    (a) Marque   ❏

    (b) Voiture   ❏

    (c) Type   ❏

    (d) Auto   ❏

Question 2

Read the ingredients and instructions, then answer the questions.

GÂTEAU LORRAIN

Pour 8 personnes

Ingrédients :

200 g de farine
4 yaourts
4 œufs
150 g de sucre
½ paquet de levure chimique
5 cl d' alcool de mirabelle
300 g de mirabelles au sirop

Peut être servi avec une crème anglaise.

Préparation et cuisson : 1 heure

1. Séparer les blancs d'œufs des jaunes.
2. Travailler les jaunes avec le sucre jusqu'à ce que le mélange blanchisse. Ajouter la farine et la levure, bien mélanger. Introduire les yaourts un par un, puis l'alcool. Incorporer doucement les blancs en neige à la préparation.
3. Beurrer un moule à bords hauts. Y verser la moitié de la pâte, poser dessus les mirabelles égouttées, compléter avec l'autre moitié de pâte.
4. Cuire au four pendant 35 minutes sur thermostat 6.

(i) Which of the following ingredients is included?
    (a) cherries   ❐
    (b) cheese   ❐
    (c) barley   ❐
    (d) yeast   ❐

(ii) What is the first instruction regarding the eggs?

(iii) When the plums are added to the mixture, do you add:
    (a) ½ of the pastry?   ❐
    (b) all of the pastry?   ❐
    (c) ¾ of the pastry?   ❐
    (d) ¼ of the pastry?   ❐

(iv) You can serve the dish with:
    (a) cream   ❐
    (b) mustard   ❐
    (c) custard   ❐
    (d) jelly   ❐

Question 3

Read the leaflet, then answer the questions.

N'allez pas à Paris par 4 chemins. Pensez tout de suite 4 lettres. Pensez SNCF. Prenez le train de banlieue. C'est la bonne formule. Depuis quelques années, la SNCF a considérablement amélioré son réseau de banlieue : 60 km de nouvelles lignes et 30 gares ont été créés ; 2 000 voitures ont été mises en service. Souvent, le bus vous permet de rejoindre votre gare très bien desservie. Le train vous emmènera vite à Paris où, grâce aux nouvelles correspondances SNCF-métro, vous atteindrez facilement votre destination.

(i) In recent years the SNCF has improved its services. Give **two** examples:

    (a) ....

    (b) ....

(ii) In what way will the metro assist the train passengers?

Question 4

Read the advert, then answer the questions.

LETTRE. Le navigateur-journaliste Patrice Carpentier publie une lettre confidentielle hebdo sur la voile : « La Lettre de *Course au large* ». Pour 8 € par mois, tous les échos sur le milieu, les enjeux, les règles, l'équipement, par les spécialistes du mensuel *Course au large*.

Abonnements. *Tarif société : 125 €. Tarif seniors : 96 €. Tarif juniors (étudiants et moins de vingt-cinq ans sur justificatif) : 64 €.*

« La Lettre de *Course au large* », Éditions Océane, Place de l'Église, Fontenay-sur-Vègre, 72350 Brûlon.

Vocabulary

un hebdo/hebdomadaire *a weekly* (publication)	un mensuel *a monthly (publication)* un abonnement *a subscription*

(i) About which sport does Patrice Carpentier write these letters?

(ii) Are they written:

    (a) monthly? ☐

    (b) fortnightly? ☐

    (c) weekly? ☐

    (d) daily? ☐

(iii) How much does a subscription to the newsletter cost?

(iv) What age must one be to pay the €64 fee?

Question 5

Read the horoscopes, then answer the questions.

CANCER
(22 juin au 22 juillet)

CŒUR En râlant pour un oui ou un non, vous ferez fuir l'amour.

TRAVAIL Activité débordante et succès garantis.

SANTÉ Du calme !

LION
(23 juillet au 22 août)

CŒUR Ignorez les méprisants et autres casse-pieds.

TRAVAIL Une amélioration est envisagée.

SANTÉ Bonne dans l'ensemble.

VIERGE
(23 août au 22 septembre)

CŒUR Un petit voyage en amoureux vous ferait du bien.

TRAVAIL La colère n'a jamais aidé personne.

SANTÉ Assez bonne.

CAPRICORNE
(21 décembre au 20 janvier)

CŒUR Votre solitude pourrait prendre fin ce mois-ci.

TRAVAIL Un peu moins d'orgueil vous aiderait.

SANTÉ Le sommeil devrait tout arranger.

VERSEAU
(21 janvier au 20 février)

CŒUR Vous ferez la fête avec vos amis.

TRAVAIL Un peu de bonne humeur serait bienvenue.

SANTÉ De la nervosité.

POISSONS
(21 février au 20 mars)

CŒUR Chassez cette timidité qui vous bride.

TRAVAIL Faites vos comptes.

SANTÉ Des bobos sans importance, ignorez-les !

Which zodiac sign:

(i) recommends to do one's accounts?

(ii) recommends sleep as a solution to problems?

(iii) suggests that your loneliness could end this month?

(iv) foresees an improvement at work?

(v) says that one shouldn't get angry?

(vi) says that your health is generally sound?

Question 6

Read the newspaper article, then answer the question.

LE GOLF VICTIME DU GOLFE

Il est d'ores et déjà impossible de trouver une chambre libre à proximité du golf d'Augusta, aux États-Unis, pour les Masters de golf qui s'y dérouleront du 8 au 14 avril. À cause du Golfe (avec un « e »). L'armée américaine a, en effet, réquisitionné deux cents chambres dans la région pour permettre aux G.I. souffrant de troubles nerveux suite à la guerre de récupérer.

Vocabulary

d'ores et déjà *already*	qui se dérouleront *which will be taking*
à proximité de *near*	*place (se dérouler – to unfold, as an*
permettre à *to allow, enable (someone to*	*event or plot in a novel)*
do something)	

Question: Why is it impossible to find a bedroom available during the US Masters Golf Tournament in Augusta?

Question 7

Read the newspaper article, then answer the questions.

INTERNET

La Toile va-t-elle remplacer toutes les bibliothèques du monde ?

C'est l'ambition du moteur de recherche Google, qui compte mettre en ligne le contenu de tous les livres existants. En 2005, Amazon, Yahoo, Microsoft et même... la Bibliothèque nationale de France ont annoncé des projets similaires. C'est le vieux rêve du savoir universel, accessible en un seul lieu. Déjà réalisé vers 300 av. J.-C. par Ptolémée 1er, qui avait réuni à Alexandrie (Égypte) 30 000 œuvres complètes, il fut continué par les encyclopédistes. Wikipedia, encyclopédie rédigée et corrigée en continu par les internautes, connaît un succès phénoménal avec plus de 800 000 articles. L'*Encyclopædia universalis* ne propose, elle, « que » 32 000 articles et 120 000 définitions fin 2005. Reste la question de la fiabilité du contenu.

   (i)   What is Google's ambition?
  (ii)   What is the old dream?
 (iii)   What did Ptolemy do?
  (iv)   Give an example to show how successful Wikipedia has become.

Question 8

Read the newspaper article, then answer the questions.

États-Unis

AJOURNEMENT DE L'EXÉCUTION D'UN CONDAMNÉ À MORT EN CALIFORNIE

Un juge fédéral de l'État de Californie a décidé, samedi 18 avril, de suspendre pendant dix jours l'exécution de Robert Alton Harris, qui devait avoir lieu mardi. Le juge a écouté les arguments de l'Union américaine des droits civiques (ACLU), qui estime que l'usage d'une chambre à gaz pour une exécution est un châtiment cruel, violant la constitution des États-Unis.

Les procureurs de l'État de Californie ont immédiatement fait appel. Robert Alton Harris a été condamné à mort pour le meurtre de deux jeunes gens en 1979. Son exécution, si elle a lieu, sera la première en Californie depuis vingt-cinq ans. Deux autres États américains utilisent la chambre à gaz pour les exécutions.

AFP, Reuters

Vocabulary

avoir lieu *to take place*	faire appel *to appeal*
un châtiment *a punishment (chastisement)*	

(i) For how long did the judge suspend the death sentence?

(ii) Why was the death sentence opposed?

(iii) What was Robert Harris's crime?

(iv) This will be California's first execution in a century.

    True   ❑

    False   ❑

Question 9

Read the magazine interview, then answer the questions.

BRITNEY SPEARS

1. À propos de son physique

« Personne ne me reconnaît quand je ne suis pas maquillée. Quand je ne suis pas sur scène, je suis comme n'importe qui. Je ne me considère pas comme un "sex symbol". Je n'ai pas eu d'implants, ma poitrine a juste poussé. J'aimerais que mes cheveux soient plus épais, que mes pieds soient plus jolis. Mes orteils sont vraiment hideux. J'aurais préféré que mes oreilles soient plus petites, ainsi que mon nez. »

2. À propos de la célébrité

« Je ne me considère pas comme quelqu'un de célèbre. Le fait d'être connu, ça monte à la tête des autres célébrités, qui se prennent pour des dieux ou des grandes stars, alors que pour moi, c'est juste un boulot. Je suis toujours la même bonne vieille Britney un peu dingue. Je sais que je suis célèbre, mais je ne vois pas ça comme les autres personnes qui sont dans ma situation. Des fois, ça m'étonne moi-même de pouvoir oublier que je suis célèbre. Franchement, c'est la vérité : je l'oublie carrément. »

3. À propos des hommes « mûrs »

« Je pense que l'âge est juste un chiffre, l'essentiel est dans votre tête… C'est tout ce qui compte ! »

À propos de Dieu

« Nous ne comprendrons jamais la vie. Ça, c'est plutôt le boulot du bon Dieu. J'ai hâte de le – ou la – rencontrer. »

4. À propos de sa vie

Elle disait il y a quelques mois : « J'ai l'impression d'être une vielle dame. Je me couche à 21h30 tout les soirs et je ne sors pas, je ne fais rien… Vous voyez ce que je veux dire… » Sa tournée a remis les pendules à l'heure !

À propos de la famille royale

Britney a clairement exprimé le vœu de rencontrer la reine Élisabeth II : « Il n'y a pas

moyen que je reparte d'Angleterre sans avoir rencontré la reine. J'aime tout ce que fait la famille royale, c'est pour ça que j'aimerais que mon rêve devienne réalité. » Hélas, la reine de la pop n'a pu rencontrer la tête couronnée, même si elle a été très proche de son petit-fils William, avec qui on lui a prêté une idylle en 2003. À ce propos, elle a fait une mise au point : « C'était juste une petite rencontre, la presse en a fait des tonnes ! Ce qui s'est passé, c'est qu'on a juste discuté, il a proposé de venir me voir un de ces quatre, mais ça ne s'est pas fait. » Mais elle a dit aussi : « Épouser le prince William ? J'adorerais ! Qui ne voudrait pas être une princesse ? »

5. À propos des parents

« Les parents veulent que vous deveniez adultes, et en même temps, ils vous considèrent toujours comme un bébé ! »

Star Club Magazine, n° 261 ; août 2009, p. 24

Vocabulary

n'importe qui *anyone*	les orteils *toes*
la poitrine *chest*	ça monte à la tête *it gets to the head*
... soient... *(that) ... may be ...*	dingue *crazy*

(i) According to Britney, when do people **not** recognise her? (part 1)

(ii) What aspects of her physique would she like changed? (**two** points) (part 1)

(a) ....

(b) ....

(iii) How does fame affect other celebrities? (part 2)

(iv) Mention **two** points to show that she is **not** impressed by fame. (part 2)

(a) ....

(b) ....

(v) What does she think about age? (part 3)

(vi) What is her view on God? (part 3)

(vii) Give **two** reasons why she sees herself as an old person. (part 4)

(a) ....

(b) ....

(viii) Britney would like to meet Queen Elizabeth. True or false? (part 4)

(ix) What is the contradiction that she sees in parents? (part 5)

See solutions to exercise 4 pages 72–73.

Exercise 5

Question 1

Read the questions and choose the correct answer.

(i) If you were in a department store and you wanted to buy a food mixer and a hair drier, which department would you look for?

(a) Alimentation ☐

(b) Électro-ménager ☐

(c) Chaussures ☐

(d) Vêtements ☐

(ii) While shopping for fruit at the market, you wish to purchase a pineapple. Which of the following fruit do you ask for?

(a) Un pamplemousse ☐

(b) Un ananas ☐

(c) Un abricot ☐

(d) Une pêche ☐

Question 2

Read the restaurant adverts, then answer the questions.

L'ESCALIER
Cuisine traditionnelle
Formule 10 € s. c. et carte environ 18 € s. c.
16, rue de la Michodière, Paris 2ᵉ
(Mᵒ Opéra)
Réserv. : 01 42 65 09 19.
Fermé le dimanche.

MARTY
Une tradition ancienne…
Authentique cadre 1930
Fruits de mer et gibiers
Carte env. 30 €
Menu 18 € TTC
Salons pour réceptions et repas d'affaires
20, avenue des Gobelins, Paris 5ᵉ
01 43 31 39 51 – 01 47 07 12 19 t.l.j.

CHEZ LES ANGES (François Benoist)
54, bd de Latour-Maubourg,
Paris 7ᵉ
Ouvert le samedi et le dimanche midi.
Fermé le dimanche soir et le lundi.
Parking Esplanade des Invalides.
01 47 05 89 86.

LE SAINT-MICHEL
Ouvert toute la nuit
Plats du jour servis à toute heure
SAMEDI :
Steak au poivre 9 €
Brochette de gigot 10 €
Lotte à l'américaine 13 €
DIMANCHE :
Coq au riesling pâtes fraîches 8 €
Pot-au-feu dans son bouillon 10 €
Gâteau de rougets au coulis de homard 13 €
SPÉCIALITÉS :
Pâtes fraîches faites maison
Pizza au feu de bois
10, place Saint-Michel, Paris 6ᵉ
01 43 26 68 25.

Vocabulary

une brochette	a kebab

(i) Which restaurant is:
    (a) open all night?
    (b) closed on Sundays?
    (c) closed on Sunday evenings?
(ii) Which restaurant provides business meals?
(iii) What is the nearest metro station to 'l'Escalier'?
(iv) Are the menus at 'Marty' inclusive of tax?

Question 3

Read the leaflet, then answer the questions.

« Summer Special »

À PARTIR DE 40 € PAR CHAMBRE ET PAR NUIT !

Accordez-vous une petite pause de deux nuits ou plus grâce à l'offre exceptionnelle « Summer Special » d'Holiday Inn. À partir de 40 € par nuit, cette formule vous propose une chambre tout confort pour un maximum de deux adultes et deux enfants, ainsi que le petit déjeuner-buffet. À vous de venir en profiter pleinement dans près de 100 hôtels Holiday Inn en Europe. Contactez-nous dès aujourd'hui, le nombre de chambres est limité !

Vocabulary

profiter de	*to take advantage of*	pleinement	*fully*

  (i) What is included in the €40 price?

 (ii) When should interested people make their bookings?

Question 4

Read the newspaper article, then answer the questions.

ALLEMAGNE. Des jeunes néo-nazis ont attaqué cinq Portugais à Luebben (ex-RDA) dans la nuit de samedi à dimanche à la sortie d'un café. L'une des victimes n'a pu prendre la fuite et a été sauvagement battue par la bande de 20 à 25 extrémistes. Par ailleurs, dix militants néo-nazis ont déposé une gerbe à la mémoire des gardes SS au mémorial de l'ancien camp de concentration de Sachsenhausen. La police a vérifié leur identité sans les interpeller parce qu'ils n'ont « fait aucun chahut », a expliqué un porte-parole des forces de l'ordre.

Vocabulary

l'un de/des	*one of (from among)*	faire du chahut	*to create a hullabaloo, a rumpus*
prendre la fuite	*to take flight (to run away)*		
une gerbe	*a spray (of flowers)*	un porte-parole	*a spokesperson*
interpeller	*to take in for questioning (to arrest)*		

   (i) When did this attack occur?

  (ii) What did some neo-nazis do in Sachsenhausen?

 (iii) Why didn't the police arrest them?

Question 5

Read the newspaper article, then answer the questions.

LE CYCLISTE DOUBLAIT LA R5

Verdun. Un collégien de 16 ans, Jérémy Bourlon, circulait à bicyclette, quand il entreprit de dépasser une R5 ; tous deux roulaient sur la RD3 en direction d'Ancerville. Après le dépassement, Jérémy allait se rabattre et couper la route du véhicule pour tourner à gauche. Le choc entre le vélo et la voiture a été particulièrement violent et le jeune homme a été hospitalisé à Saint-Dizier dans un état grave.

Vocabulary

se rabattre   *to cut across*

(i) What was Jérémy Bourlon trying to accomplish on his bike?
(ii) Explain what happened.
(iii) What is Jérémy Bourlon's condition in hospital?

Question 6

Read the newspaper article, then answer the questions.

LE CAMION DE POMPIERS PASSE AU ROUGE : UN MORT

Appelé pour éteindre un incendie dans une cartonnerie de Châtillon-sur-Loire (Loiret), un camion de pompiers est entré en collision avec une voiture après avoir grillé un feu rouge dans la localité de Giens. La passagère de la voiture, Véronique Mary, 20 ans, a été tuée sur le coup. Son conducteur, Pascal Guitton, 20 ans lui aussi, a été hospitalisé dans un état grave à Orléans.

(i) What **two** vehicles were involved in the crash?
   (a) ....
   (b) ....
(ii) Explain how the accident occurred.
(iii) What happened to the passenger, Véronique Mary?

Question 7

Read the newspaper article, then answer the questions.

HÉLICOPTÈRE DÉTOURNÉ

Tielen. Un homme qui avait loué un hélicoptère à Tielen (nord de la Belgique), samedi, pour un vol au-dessus des Pays-Bas, a forcé le pilote, en le menaçant d'un pistolet, à survoler une prison de La Haye et a tourné au-dessus de la cour de la prison où se trouvait un ami. Comme la cour restait vide, il a ordonné au pilote de reprendre son vol et de se poser à Zoetermeer, en Hollande. L'homme a pris les clés de l'hélicoptère et s'est enfui en courant, jetant cependant les clés : le pilote les a récupérées un peu plus loin et a alerté la police, mais l'homme n'a pas été retrouvé.

Vocabulary

détourné *hijacked*	survoler *to fly over*

(i) To what country did the man who rented the helicopter say he intended to go?
(ii) What did he force the pilot to do? Why?
(iii) What did the hijacker do with the keys of the helicopter?

Question 8

(a) Read the newspaper article, then answer the questions.

Une jeune fille de 17 ans a été involontairement oubliée par ses parents sur l'aire de repos de Roquemaure (Gard) dans la nuit de samedi à dimanche. La famille s'était arrêtée pendant quelques minutes pour se dégourdir les jambes. Quand la jeune fille a voulu regagner le véhicule, elle s'est aperçue que ses parents l'avaient oubliée. Ceux-ci se sont aperçus de sa disparition… 300 km plus loin. Ils sont alors revenus chercher leur fille, qui avait trouvé refuge au PC d'Oranne.

Vocabulary

se dégourdir les jambes *to bring circulation back to the legs*

(i) What happened to this young girl?
(ii) When and where did it happen?
(iii) When did her parents spot the problem?

(b) Read the newspaper article, then answer the questions.

BUS NON–FUMEURS

À partir du 14 février, il sera interdit de fumer à bord des 4 350 autobus à impériale londoniens. Déjà, les fumeurs avaient été confinés à l'étage supérieur. Mais, du coup, les « rez-de-chaussée » étaient submergés par des voyageurs désireux d'éviter la fumée des autres. Des enquêtes ont montré, il est vrai, que les passagers londoniens ne passent en moyenne qu'un quart d'heure par jour dans ces autobus.

AVIS
NOTICE

Interdiction de fumer au-delà de cette limite.

No smoking beyond this point.

(i) What is the new restriction on London's buses?
(ii) What had been allowed up to 14th February?
(iii) Where, in a bus, is the 'rez-de-chaussée'?
(iv) How long, according to a survey, do Londoners spend on average in a bus every day?

Question 9

Read the magazine interview, then answer the questions.

MAGIE, ACTION, AVENTURE...

Merlin

Colin : « Merlin a une relation étrange avec les filles. »

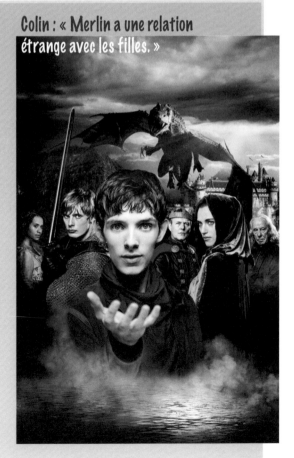

1. **Star Club : Colin, tu t'intéresses à la magie depuis l'enfance. Que ferais-tu si tu avais les pouvoirs de Merlin ?**

   Colin : Je trouve que son meilleur pouvoir est sa capacité à ralentir le temps. Nous nous sommes tous déjà retrouvés dans des situations où nous aurions aimé revenir à un certain moment du passé ou essayer d'arrêter le temps. Contrôler le temps, ça doit être amusant !

2. **Comment vous êtes-vous préparés à vos rôles, notamment pour les scènes d'action ?**

   Bradley : J'ai regardé des histoires de grands guerriers comme *Gladiateur* et *300*. J'ai choisi les éléments que je pensais pouvoir utiliser pour Arthur. Ensuite, j'ai composé le personnage. Pour l'aspect physique du rôle, j'ai eu la chance d'être formé au combat et de développer mon propre style au cours de l'entraînement.

   Colin : Ma mission était de créer un personnage cohérent : Merlin jeune n'ayant jamais été interprété, je n'avais aucun modèle disponible.

3. **Quelles scènes appréciez-vous le plus de tourner ?**

   Bradley : Les combats, même si c'est difficile... À part ça, j'ai vécu un moment particulièrement agréable en faisant avaler à Colin une horrible mixture. Les scénaristes m'ont donné l'occasion de le martyriser un peu ! *(Sourire.)* Et il a bien mérité que je lui fasse manger cet affreux ragoût, non ? *(Rires.)*

   Colin : J'apprécie tout ce qui relève de l'action. Bradley est un peu avantagé parce qu'il paraît immédiatement cool avec son épée, son armure et tout le reste. Alors que moi, je fais un peu idiot dans mon costume, même si je finis par avoir l'air à l'aise finalement.

4. **Regardez-vous la série lors de sa diffusion ?**

   Colin : Je l'aurais fait, seulement on nous a envoyé les DVD quelques jours avant la première diffusion pour qu'on voie ce que ça donnait. Ça retire un peu la pression, en fait.

   Bradley : Je suis tout le temps dans le train entre la France et l'Angleterre, donc très rarement chez moi. Heureusement qu'on nous a filés les DVD !

5. **Comment feriez-vous la promotion de *Merlin* auprès de ceux qui ne le connaissent pas encore ?**

   Colin : Eh bien je leur dirais qu'il y a de la magie, de l'action, de l'aventure, de la comédie, tout ça équilibré par quelques thèmes sérieux. C'est une série pour toutes les générations, toute la famille peut la regarder. Chacun en retirera quelque chose de différent. Ça traite également de leçons morales.

   Bradley : En regardant *Merlin*, vous serez saisis par l'histoire et tenus en haleine à chaque fin d'épisode. Toutes ces aventures capteront indéniablement votre attention. Ce moment d'évasion vous plaira, j'en suis certain !

   Star Club Magazine, n° 261,
   août 2009, p. 64

(i) What does Colin Morgan find most appealing about Merlin's power? (part 1)

(ii) How did Bradley James prepare for his role in *Merlin*? (part 2)

(iii) What did Bradley, as Arthur, give Colin to eat? (part 3)

(iv) Why does Colin think that Bradley looks so 'cool' in the programme? (part 3)

(v) Colin watched the first programme on DVD after it was broadcast. True or false? (part 4)

(vi) Why is Bradley seldom at home? (part 4)

(vii) How would Colin promote the series, *Merlin*? Give **two** details. (part 5)

   (a) ....

   (b) ....

(viii) What does Bradley think about the series? (**two** points) (part 5)

   (a) ....

   (b) ....

See solutions to exercise 5 pages 73–74.

Exercise 6

Question 1

Read the questions and choose the correct answer.
  (i) Which of these water sports would interest scuba divers?
        (a) Planche à voile   ❒
        (b) Kayak de mer   ❒
        (c) Catamaran   ❒
        (d) Plongée sous-marine   ❒
  (ii) Which of the following expressions refers to Christmas Eve?
        (a) La veille de Noël   ❒
        (b) La bûche de Noël   ❒
        (c) Le sapin de Noël   ❒
        (d) Le Père Noël   ❒

Question 2

Read the advert, then answer the questions.

8 PORTABLES BETTY BOOP

Le téléphone Betty Boop de Global High Tech brille tout d'abord
par son design. Ultra compact, il vous séduira en version noire ou
en version rouge et blanc. Ce petit bijou de technologie dispose
d'un écran de 65 000 couleurs, qui vous permettra de naviguer dans
les menus pour y découvrir les fonctions appareil photo, lecteur mp3
ou encore la radio FM.

Découvrez vite le plus séduisant des portables coulissants.

Dream Up Magazine, n° 50 ;
juillet–août 2009, p. 18

Vocabulary

il vous séduira   *it will attract/appeal to you*

  (i) In what colours does this phone come?
  (ii) Give **three** functions of this phone.
        (a) ....
        (b) ....
        (c) ....

Question 3

Read the adverts for accommodation, then answer the questions.

AV. DE LA BOURDONNAIS, vue Tour Eiffel
Plein sud, 2e ét, asc., dble séj. + 1 chbre,
entièrement rénové.
Pptaire : 01 45 67 92 85.

VENTE CE JOUR
Beau 2/3 p., refait neuf, 1er ét., très clair,
mise à prix : 240 000 €, vente au plus offrant.
S/place 11 h–15 h au 36, rue Chevert.
Pptaire : 01 47 80 85 92.

INVALIDES, imm. cossu
gardien, asc., 2 p., 1er ét., parfait état,
prof. lib. possible, 175 000 €.
Visite ce jr et demain 11h–17h,
9 av. de la Motte-Picquet, 01 69 06 07 81.

AV. DU DR A. NETTER
Terrasse 46 m^2 + séjour, chbre,
cuisine, s.d.b., 7e ét., 150 000 €.
Pptaire : 01 48 87 46 46.

DAUMESNIL
Bel imm., récept., gd studio tt cft
+ terrasse. 70 000 €. MCD : 01 47 00 02 22.

PTE DORÉE
Résidence 1975, beau studio,
cuis., tt cft. 72 000 €.
MAS IMMOBILIER : 01 43 45 88 53.

BEL-AIR
Imm. récent, 3/4 p., cuis., tt cft,
balc. 130 800 €.
MAS IMMOBILIER : 01 43 45 88 53.

What phone number would you ring for the following accommodation:

(i) a large bedsit in a nice apartment block?
(ii) an apartment with a lift and a caretaker?
(iii) a south-facing apartment on the second floor?

Question 4

Read the ingredients and instructions, then answer the questions.

AMANDINE

Pour 6 personnes

Ingrédients :

125 g de chocolat

125 g d'amandes en poudre

125 g de beurre

125 g de sucre

125 g de farine

3 œufs

1 demi paquet de levure

1 pincée de sel

1,5 dl de lait.

Préparation et cuisson : 1 heure

1. Tiédir le lait avec le beurre et le chocolat en remuant à la spatule jusqu'à ce qu'ils soient fondus.
2. Ajouter le sel, les amandes, les œufs, la farine, la levure.
3. Verser dans un moule beurré et faire cuire au four thermostat 6, 45 minutes.

(i) Which of the following ingredients is listed above?
   (a) cooking oil ☐
   (b) raisins ☐
   (c) flour ☐
   (d) cream ☐

(ii) Which of the following statements is true?
   (a) Boil the milk with the butter. ☐
   (b) Heat the milk with the butter. ☐
   (c) Boil the milk without the butter but with the chocolate. ☐
   (d) Heat the milk without the butter. ☐

(iii) Which of these statements is true?
   (a) Cook for 6.45 minutes. ☐
   (b) Cook for 6 hours 45 minutes. ☐
   (c) Cook for 45 minutes. ☐
   (d) Cook from 6 to 45 minutes. ☐

Question 5

(a) Read the magazine article, then answer the questions.

ROBERT PATTINSON
Le baiser du vampire...

Le vampire le plus médiatisé du moment a donné de sa personne pour une bonne cause. Présent sur la Croisette lors du dernier Festival de Cannes, Robert Pattinson a participé au gala de l'amfAR afin de récolter des fonds pour la lutte contre le sida. Fraîchement intégré au cercle des comédiens à succès, Robert s'est engagé à embrasser la personne qui achèterait l'un de ses baisers au minimum 14 000 euros. Les enchères se sont brusquement envolées !

Dream Up Magazine, n° 50, juillet-août 2009, p. 9

(i) How is Robert Pattinson described here?
(ii) For what cause is he raising money?
(iii) How does he intend to raise it?

Question 5

(b) Read the magazine article, then answer the questions.

BEYONCÉ
Nouvelle icône de la mode

Après une eau minérale au Japon ou encore une célèbre console de jeux vidéo portable, Beyoncé est à l'honneur dans une nouvelle campagne de publicité américaine. Mais cette fois, c'est pour représenter sa propre marque de prêt-à-porter, baptisée Dereon. Lancé en collaboration avec sa mère, Tina, et en hommage à sa grand-mère maternelle, Agnès Dereon, une ancienne couturière, le projet est une affaire de famille dans laquelle Beyoncé investit énormément, tant sur le plan financier qu'affectif.

Dream Up Magazine, n° 50, juillet-août 2009, p. 71

(i) Mention one product that Beyoncé helped to promote.
(ii) What is Beyoncé launching now?
(iii) What was Agnès Dereon's occupation?

Question 6

Read the newspaper article, then answer the questions.

Colmar : grièvement brûlée par un barbecue

COLMAR. – Une adolescente de 14 ans demeurant à Colmar et dont l'identité n'a pas été révélée a été brûlée dimanche au 1er et au 2e degré sur 30% du corps en alimentant un barbecue. La jeune fille a aspergé les braises avec de l'alcool pour raviver le feu. Elle se trouvait alors en maillot de bain. Il y a eu un retour de flammes immédiat qui a enveloppé la malheureuse. Les pompiers l'ont transportée à l'hôpital Pasteur de Colmar avant de la transférer par hélicoptère au centre des grands brûlés de Freyming-Merlebach.

Vocabulary

asperger les braises   *to sprinkle the charcoal*

(i) What happened to the 14-year-old in Colmar?
(ii) What was the extent of her injuries?
(iii) Describe how the incident occurred.
(iv) How was she dressed at the time?
(v) Who took her to hospital?

Question 7

Read the newspaper article, then answer the questions.

La note de la semaine : 3/20… pour l'attractivité de la France

Selon la dernière étude d'A.T. Kearney, la France n'arrive qu'au 35e rang (sur 40 !) des pays où les entreprises de services (centres d'appels, technologies informatiques…) souhaitent s'implanter. En tête de liste : l'Inde, la Chine, la Malaisie où les coûts de main-d'œuvre sont beaucoup plus séduisants. Toutefois, ce critère n'est pas le seul à jouer, puisque le Canada arrive en neuvième position et les États-Unis à la onzième place. Les entreprises interrogées ont aussi jugé en fonction de l'inflation, du niveau de formation, des infrastructures… et du climat des affaires. Un élément qui n'a pas joué en faveur de notre pays, qui perd ainsi 4 places en un an.

Vocabulary

Les coûts de main-d'œuvre *labour costs*   séduisants *attractive (plural)*

(i) According to which ranking is France placed 35th out of 40 countries?
(ii) What reasons are given for France's poor position in the ranking?
(iii) Over what period of time did France lose four places?

Question 8

Read the newspaper article, then answer the questions.

TEMPÊTE. Un millier de fidèles ont assisté à une messe « de protestation » en plein air dimanche à Concarneau (Finistère), afin d'obtenir le permis de démolition de l'église Sainte-Cœur-de-Marie et la construction d'un nouvel édifice. À l'issue de l'office, les fidèles se sont rendus à la mairie de Concarneau, où

ils ont déposé une pétition de 13 000 signatures. Fissurée, l'église, construite en 1912 en plein cœur de la ville, a été fermée au culte à la suite de la grande tempête d'octobre 1987.

Vocabulary

| à l'issue de *at the conclusion of/close of* | fermée au culte *closed to service (worship)* |

(i) Roughly how many people attended the protest mass?
(ii) What were they protesting for?
(iii) In what other way did the people show their feelings?
(iv) Where exactly is the church situated?
(v) Why was the church, built in 1912, closed in 1987?

Question 9

Read the magazine interview, then answer the questions.

EMINEM

« Le show-business est un monde sans pitié ! »

Eminem revient avec un cinquième album décapant, *Relapse*, après trois longues années d'absence. Une période durant laquelle le tumultueux rappeur de Detroit a sombré dans la dépression. Désormais guéri, il semble en avoir fini avec ses vieux démons…

1. Comment as-tu vécu cette période difficile ?

Pendant trois ans, j'ai perdu la force de me battre. Totalement désespéré, je suis devenu accro aux antidépresseurs. Je prenais des médicaments à longueur de journée. Un soir, j'ai fait une overdose ! Les médecins ont été clairs : j'ai vraiment frôlé la mort. Heureusement, une cure de désintoxication m'a permis de m'en sortir. Cette fichue maladie est génétique. Ma mère, Debbie, a connu elle aussi une dépendance aux médicaments. Depuis que j'ai vécu la même chose, je la comprends mieux.

2. Comment arrives-tu à gérer ta carrière et ta vie de famille ?

Je fais du rap depuis l'âge de 15 ans. À cette époque, je partageais ma vie avec Kim, mon seul et unique amour. Aujourd'hui, j'ai 36 ans et je suis un père célibataire. Si j'ai très bien su gérer ma carrière, sur le plan privé, le bilan est désastreux. J'ai épousé Kim deux fois, en 1990 et 2006, pour divorcer respectivement en 2000 et 2006. En amour, c'est tellement dur de tourner la page. Je crois que je me suis marié trop jeune… Depuis mon

divorce, ma priorité, c'est ma fille, Hailie. Avec elle, je suis un vrai papa poule. Je refuse qu'elle vive une enfance comme la mienne.

3. Quel adolescent étais-tu ?

Enfant, j'ai vécu des expériences traumatisantes. J'ai été abandonné par mon père, Marshall Mathers II. Sans argent, ma mère et moi déménagions souvent, recueillis ici et là par différents proches. Garçon introverti et maigrichon, j'avais du mal à me faire des amis. J'ai changé plusieurs fois d'école, mais à chaque fois, c'était la même sérénade : les autres enfants m'insultaient, m'humiliaient et me rackettaient. J'étais leur souffre-douleur. Un jour, quand j'avais 9 ans, ils m'ont frappé tellement fort que je suis tombé dans le coma… Depuis, je voue une haine profonde à l'injustice et à la violence gratuite.

Dream Up Magazine, n° 50,
juillet–août 2009, p. 66

(i) For how long was Eminem unwell? (part 1)

(ii) What did Eminem do as a result? (part 1)

(iii) How did he recover? (part 1)

(iv) Who was Kim? (part 2)

(v) What kind of father does Eminem say he is? (part 2)

(vi) Give **two** details to describe his childhood. (part 3)

    (a) ....

    (b) ....

(vii) What was he like as a boy? (**two** details) (part 3)

    (a) ....

    (b) ....

(viii) How did the other pupils at school treat him? (**two** details) (part 3)

    (a) ....

    (b) ....

(ix) What happened to Eminem at the age of 9 years? (part 3)

See solutions to exercise 6 pages 74–76.

Solutions to sample Reading Comprehension exercises

Marks: Questions 1–6, award yourself **2 marks** for every correct answer;

Questions 7–9, award **3 marks** for every correct answer.

The total is **100 marks** for each of the 6 exercises.

Exercise 1 (pages 29–34)

Question 1
  (i) (b) Bijouterie.
  (ii) (c) Quincaillerie.

Question 2
  (i) It is free (*gratuit*).
  (ii) For smokers (*ceux qui fument*).
  (iii) True (*poids actuel*).
  (iv) (c) Nobody will call on me (*personne ne me rendra visite*).

Question 3
  (i) Chocolate and fresh cream.
  (ii) Melt (*Faites fondre*) the chocolate in a saucepan (with 2 soupspoonfuls of water).
  (iii) The fresh cream.
  (iv) You must avoid to let it boil (*bouillir*).

Question 4
  (i) Salesperson (*vendeur*).
  (ii) (a) You must be 20 to 25 years old.
      (b) You must have a good appearance (*Tu présentes bien*).
  (iii) (a) 10 a.m. to 1 p.m.
      (b) Wednesday and Thursday, 22–23 June.

Question 5
  (i) He thought that he was a burglar (*cambrioleur*).
  (ii) He broke in (*par effraction*).
  (iii) Because of family arguments (*différends familiaux*).

Question 6
  (i) A shoe shop (*magasin de chaussures*).
  (ii) They thought that Gere was a tramp (*clochard*).

Question 7
  (i) He was in possession of hard drugs.
  (ii) In a night club.

(iii) It may be commuted to life imprisonment after 2 years, for good behaviour.
(iv) The convicts are executed by a shot in the neck.

Question 8
(i) One of: To watch over the Amazon forest from the air; to protect the forest.
(ii) 5 million km².
(iii) Between 600 million and 1 billion (*milliard*) dollars.
(iv) Three stages (*trois étapes*).
(v) About ten planes (*une dizaine d'avions*).

Question 9
(i) True (*sait garder la tête froide*).
(ii) Aries (*Bélier*).
(iii) She has stopped smoking.
(iv) Because of the success of *Groovejet*, which did very well in Europe.
(v) She recorded *Groovejet* with DJ Spiller.
(vi) She met Moby at his recording studio (*studio d'enregistrement*).
(vii) Everyone must follow their own path, and she can always return to her studies later on.
(viii) Stay cool, be friendly, smile (*souriez*).
(ix) Don't force yourself to do things that you don't want to do.
(x) Two of: Kindness, sensitivity and gentleness.

Exercise 2 (pages 35–40)
Question 1
(i) (d) Commissariat.
(ii) (a) Soldes.

Question 2
(i) Spring/summer.
(ii) Children.
(iii) Two of: White, navy blue, red and green.

Question 3
(i) 600 grams of minced meat.
(ii) To mince your steak.
(iii) Season the meat well with salt and pepper.
(iv) Two of: Egg yolks, capers, a soupspoonful of ketchup, a half teaspoonful of Tabasco, a dash of oil.

Question 4
(i) He is Swiss.
(ii) He omitted to give a penalty.
(iii) His view was blocked by another player.
(iv) Germany.

Question 5

(i) He was abandoned by his mother.

(ii) One of: He cannot talk/make friends.

Question 6

(i) One of: The storm caused floods (*inondations*); electricity blackouts (*coupures de courant*).

(ii) The 16th district (*arrondissement*).

(iii) She was struck by lightning (*foudroyée*).

Question 7

(i) Two of: World Health Organization/Unicef/World Bank.

(ii) The spread of diseases like TB and tetanus.

(iii) Measles (*la rougeole*).

(iv) Access to vaccines.

Question 8

(i) In Germany.

(ii) The missing cayman has been captured.

(iii) The cayman is 8 years old.

(iv) The number of swimmers (*baigneurs*).

Question 9

(i) To live your dream of being a world superstar.

(ii) The film appeals to the audience's imagination and is full of humour/sensitivity.

(iii) It allows Miley to live a normal life/to remain close to her friends and family while at the same time living out her dream.

(iv) Two of: It enables her to doubt, to be vulnerable, to lose the confidence of her celebrity status and to question what are the important things in life.

(v) It makes her feel happy.

(vi) It helps her to face up to (*affronter*) the unpleasant challenges of life.

(vii) She describes herself as sporty and as a tomboy (*garçon manqué*).

(viii) Where she comes from.

Exercise 3 (pages 41–47)

Question 1

(i) (d) Feuilletons.

(ii) (a) Jardin public.

Question 2

(i) Two of: Dry sausage/chicken in a sauce/vegetables/cheese/dessert.

(ii) The train ticket and a meal.

(iii) At the travel agent.

(iv) Once a day, every Wednesday and Saturday.

Question 3

(i) Yesterday, 34 years after his death.
(ii) For hiding a Jew from the Germans during World War II.
(iii) A Jewish tradesman.

Question 4

(i) 01 43 59 12 96.
(ii) 01 42 93 15 02.
(iii) 01 42 93 65 59.

Question 5

(i) An equestrian agency.
(ii) The cash register.
(iii) They shot him.

Question 6

(i) It was the first partial face transplant operation to be carried out.
(ii) Professor Dubemard is the head of surgery at the hospital.
(iii) She had been mauled by her dog.
(iv) One of: Nose, lips and chin.

Question 7

(i) Two of: A gorilla can use a tool/find water/build a bridge/open nuts/extract oil from nuts.
(ii) Parrots can understand the concept of zero.
(iii) Elephants caress the bones with their trunks.
(iv) The male mouse sings (in ultrasounds) to attract a mate.

Question 8

(i) The shark.
(ii) Some countries have decided to protect the shark.
(iii) French Polynesia has decided to ban finning and create shark sanctuaries.
(iv) In the womb of a certain shark, the young eat each other.

Question 9

(i) Twice.
(ii) 30 years.
(iii) A small town in the US is ravaged by a deadly virus which threatens to wipe out the whole country.
(iv) No. According to Hoffman, Harrison Ford and Tom Cruise were offered the role before him.
(v) He is a curious person.
(vi) If a film interests him, then he thinks it will interest everyone else.
(vii) Not being able to give of his best.
(viii) If a sculptor is not happy with his work, he can return to it and improve it.

(ix) A theatre actor can improve his performance each night.

(x) To get regular work.

(xi) As a barman/waiter.

Exercise 4 (pages 47–54)

Question 1

  (i) (b) Pneu.

  (ii) (a) Marque.

Question 2

  (i) (d) Yeast (*levure*).

  (ii) Separate the egg yolks from the whites.

  (iii) (a) Half of the pastry.

  (iv) (c) Custard.

Question 3

  (i) Two of: They have created more lines/new stations/more carriages.

  (ii) There are new connections to link up trains with the metro.

Question 4

  (i) Sailing (*la voile*).

  (ii) (c) Weekly.

  (iii) 8 euros per month.

  (iv) You have to be under 25 or a student.

Question 5

  (i) Pisces (*Poissons*).

  (ii) Capricorn (*Capricorne*).

  (iii) Capricorn.

  (iv) Leo (*Lion*).

  (v) Virgo (*Vierge*).

  (vi) Leo (*Lion*).

Question 6

Because veterans of the Gulf War have been booked into 200 rooms to recuperate.

Question 7

  (i) To put all the books in the world online.

  (ii) Universal knowledge accessible in one place.

  (iii) Ptolemy gathered together, in Alexandria (Egypt), 30,000 works, around the year 300 BC.

  (iv) It has 800,000 articles.

Question 8
  (i) For 10 days.
 (ii) Because it is a cruel punishment that violates the US Constitution.
(iii) He murdered two young people (in 1979).
 (iv) False.

Question 9
  (i) When she has no make-up on.
 (ii) Two of: She would like her hair to be thicker/her feet to be prettier (her toes are hideous)/her ears and her nose to be smaller.
(iii) It gets to their heads.
 (iv) Two of: She doesn't think of herself as famous; it's just a job; she's the same old Britney; she doesn't see fame as others might do in her situation; she forgets she's famous.
  (v) Age is just a number; the mind is the important thing.
 (vi) Only God can ever really understand life; she cannot wait to meet him or her.
(vii) Two of: She goes to bed at 9.30; she doesn't go out; she does nothing.
(viii) True (*a exprimé le vœu* – expressed the wish).
 (ix) They want you to become adults, yet treat you like a child.

Exercise 5 (pages 54–60)

Question 1
  (i) (b) Électro-ménager.
 (ii) (b) Un ananas.

Question 2
  (i) (a) Le Saint-Michel; (b) L'Escalier; (c) Chez les Anges.
 (ii) Marty.
(iii) Opéra.
 (iv) Yes. (*TTC – toutes taxes comprises*)

Question 3
  (i) A room for 2 adults and 2 children plus breakfast buffet.
 (ii) Straight away today, as the offer is limited.

Question 4
  (i) The night of Saturday to Sunday.
 (ii) They put a spray of flowers in memory of the SS guards at the memorial of a concentration camp.
(iii) Because they claimed the neo-nazis weren't causing any trouble.

Question 5
  (i) He was trying to overtake a car (a Renault 5).
 (ii) The cyclist cut across in front of the car and was knocked down.
(iii) His condition is serious.

Question 6

    (i) A fire engine and a car.

    (ii) The fire engine went through a red light.

    (iii) She was killed instantly.

Question 7

    (i) To the Netherlands.

    (ii) He forced the pilot to fly over a prison to pick up a prisoner.

    (iii) He stole them and then threw them away.

Question 8

(a) (i) The girl was accidentally left at a motorway rest area by her parents.

    (ii) It happened on the night of Saturday to Sunday at the rest area of Roquemaure.

    (iii) Her parents noticed she was missing after driving another 300 km.

(b) (i) Smoking will be forbidden on London's buses.

    (ii) Smoking was permitted upstairs on the bus.

    (iii) Downstairs on the bus.

    (iv) 15 minutes.

Question 9

    (i) His ability to slow down time.

    (ii) He watched warriors (*guerriers*) in films like *Gladiator* and *300*.

    (iii) A disgusting stew.

    (iv) Because he has a sword (*épée*) and wears an armour.

    (v) False (*avant la première diffusion*).

    (vi) Because he is always on a train between France and England.

    (vii) Two of: There's magic, action, adventure, comedy along with serious themes; it is suitable for all generations; the whole family can watch it; each person will get something different out of it; it contains moral lessons.

    (viii) Two of: The story is gripping; there is suspense at the end of each episode; it's attention-grabbing; it's enjoyable escapism (*évasion*).

Exercise 6 (pages 61–67)

Question 1

    (i) (d) Plongée sous-marine.

    (ii) (a) La veille de Noël.

Question 2

    (i) The phone comes in black or in red and white.

    (ii) It can be used as a camera, mp3 player or radio.

Question 3

(a) 01 47 00 02 22 (*bel immeuble, grand studio*).
(b) 01 69 06 07 81 (*gardien, ascenseur*).
(c) 01 45 67 92 85 (*plein sud, 2ᵉ étage*).

Question 4

(i) (c) Flour.
(ii) (b) Heat the milk with the butter.
(iii) (c) Cook for 45 minutes.

Question 5

(a) (i) As the vampire who was given the most media coverage (*le vampire le plus médiatisé*).
(ii) Aids prevention (*la lutte contre le sida*).
(iii) He committed himself (*s'est engagé à*) to kiss anyone who will pay at least 14 000 euros for his kiss.

(b) (i) One of: Mineral water; video games console.
(ii) Her own range of off-the-peg clothes.
(iii) She was a seamstress (*couturière*).

Question 6

(i) She suffered burns in a fire.
(ii) First and second degree burns over 30% of her body.
(iii) She sprinkled alcohol onto the barbecue charcoal and the flames leapt up.
(iv) In a bathing suit.
(v) The firemen took her to hospital.

Question 7

(i) The most attractive countries for service industries wishing to set up businesses abroad.
(ii) Reasons include: Labour costs (*les coûts de main-d'œuvre*); inflation; level of training (*niveau de formation*); infrastructure; business climate.
(iii) One year.

Question 8

(i) About a thousand people (*un millier*).
(ii) To get permission to demolish the old church and build a new one.
(iii) They went to the town hall to hand in a petition (signed by 13,000 people).
(iv) In the heart of the town.
(v) It was damaged in a storm.

Question 9

(i) He was ill for 3 years.
(ii) He became addicted to antidepressants and took an overdose.
(iii) He underwent a detox cure.

(iv) His one and only love whom he married (*j'ai épousé*).

(v) As a father, he is very protective (*papa poule*); he doesn't want his daughter to experience the same sort of childhood as he had.

(vi) Two of: Traumatic; abandoned by his father; no money; he and his mother moved house a lot; taken in by relatives.

(vii) Two of: Introverted, scrawny kid (*maigrichon*); unable to make friends.

(viii) Two of: They insulted, humiliated and bullied (*racketter* – to bully) him.

(ix) The other pupils hit him so hard that he fell into a coma.

3 Written Expression

aims

- To equip you with an extensive vocabulary for the task.
- To give you comprehensive examples of written pieces.
- To improve your understanding and use of verbs.
- To communicate your thoughts to a French native.

Overview

This section will cover:

1. How to write a letter (both formal and informal letters).
2. Postcards.
3. Cloze tests (to check your understanding of letter-writing, grammar and vocabulary).
4. Notes/emails.
5. Useful phrases.
6. Checklist for the written section.
7. Solutions to written exercises.

The **Written Expression** section of the exam is worth **80 marks** (25% of the total).

The most difficult section of Junior Certificate French (be it Honours or Pass Course) is the section dealing with writing letters, postcards and notes. Why? Because ...

- it is the only section of the exam where you have to express your thoughts in French. So a student must have :
  (a) a wide vocabulary;
  (b) good grammar; and
  (c) a small degree of creativity;
- the **letter** carries **50 marks**;
- the **note/postcard** carries **30 marks**;
- in the 2-hour written exam, **50 minutes** could be devoted to the **letter and note/postcard**; that is, about **40 minutes** for the **letter** and **10 minutes** for the **note/postcard**;
- you have to combine all the above skills into two relatively short pieces of writing. It is hoped that this part of the book will help you to overcome these obstacles.

1. How to write a letter

Breakdown of marks (out of 50) for the letter

Format (5 marks)

Because you only have to learn the **date**, the **beginning** and **end** of a letter:

> Cork, le 12 juin... Cher Paul... Amitiés

Content (20 marks)

For using the **five** ideas supplied in the question, e.g. 'tell him/her that you are enjoying the food'. These **five points** about which you are asked to write **must be discussed**.

> **PAY ATTENTION**
> If only three out of five ideas are discussed, the maximum mark that you can earn is 12 out of 20 (i.e. 60% or 3/5 of 20). So **include all the points**, no matter how briefly.

Expression, language and grammar (25 marks)

You must be grammatically correct and keep to the point.
Thus, the letter is marked like this:
$5/5 + 20/20 + 25/25 = 50$ marks.

> Avoid translating your thoughts **word for word** from English to French. Instead, try and use phrases that you have learned.

Remember, merely mentioning the five points is not enough to get the full 20 marks. You have to **develop the points** in such a way that they are **properly communicated to the reader**. You must write **a few sentences on each one**. For example, if you were asked to include a description of the weather, do not just rely on: 'Il fait chaud,' and leave it at that. **Develop it:**

> Il fait beau tous les jours. Le soleil brille et je me fais bronzer. Il n'y a pas de nuages.

You are required to write up to 150 words. It is not that much when you consider that there are 20 words in the example above. Remember! If you deviate from the main points given, you will lose marks for irrelevance. Keep to the point.

Typical themes

These might include:

(i) Thanking someone for a present, card or holiday.

(ii) Talking about a journey you made.

(iii) Describing what you liked most on holiday.

(iv) Inviting your French friend to visit you.

(v) Talking about future plans.

(vi) Asking questions.

The following chart shows you the various **themes** for each letter question for the years 2001–2010:

Year	Point 1	Point 2	Point 3	Point 4	Point 5
2001	back from holiday; send thanks	what you liked about Switzerland	describe your journey	news about family	what you will both do next summer
2002	thanks for letter/present	what you did on birthday	news about family	school trip next week	ask if would like to come to Ireland
2003	back from tour: how travelled; when got home	what you liked most	describe clothes you bought	what you will do for holidays	ask if he's going to relatives
2004	back from holiday; you liked it	interesting village visited	back to school; one subject difficult	school tour next October	ask about family
2005	sorry for not writing; give excuse	what to do in February break	day out you had with friends	ask how likes new school	describe book/film/CD you came across
2006	back from holiday	what you liked most	invitation to Ireland next year	what you will both do in Ireland	tell about new teacher
2007	thanks for letter	tell about your exams just done	what you will do at weekend	ask if going to work in summer	news of your family
2008	on exchange; describe your journey	describe French family	what you think of school	ask her what she will do at weekend	send regards to her parents
2009	back to school after Christmas	what you did during holidays	news about a friend	your plans for birthday	invitation to Ireland next year
2010	sorry for not writing; give an excuse	thanks for invitation to France next Summer	what you hope to do in Saint-Malo	news of family	what you did during Easter holidays

The **themes** in the above chart will be covered in the **sample letters** in this chapter.

key point

Notice the frequent use in each letter of the **three basic tenses: past, present, future.**

Note also the regular requirement for you to **ask questions.**

Students are usually delighted if they can finish and leave early. Resist this impulse! Stay and check your answers, especially the Written section. You make mistakes in your mother tongue, English, so why not in a foreign language? Your checklist should include the following:

END OF EXAM CHECKLIST

1. **Verb endings**
   There's **never** a 't' on the end of a verb with 'je'
   and **never** an 's' on the end of a verb with 'il/elle'.

2. Remember these **four essential verbs**:
   ils/elles **vont** (aller)
   ils/elles **ont** (avoir)
   ils/elles **sont** (être)
   ils/elles **font** (faire)

3. Check that you used the proper **auxiliary verb** ('avoir/être') in the 'passé composé'.

4. Check that you included the correct **accents**, e.g. 'chère, j'espère, je suis allé'.

5. Check that you made the **adjectives** agree, e.g. 'une belle école, la vieille ville, une maison blanche, mes nouveaux amis, ma nouvelle correspondante, une voiture neuve'.

6. Check that you used the correct **prepositions**, e.g. 'au cinéma, à l'école, en Espagne, à Bordeaux, aux États-Unis, au Canada, elle vient de France.

The format

The likelihood is that you will be required to write an **informal letter**, i.e. a letter to a friend or member of your family. However, a **formal** letter is part of the Junior Certificate programme and appeared on the 2005, 2007 and 2010 papers as an option with the informal letter.

The beginning and ending of a letter are really simple when it comes to earning marks, because you know beforehand that you are going to use them.

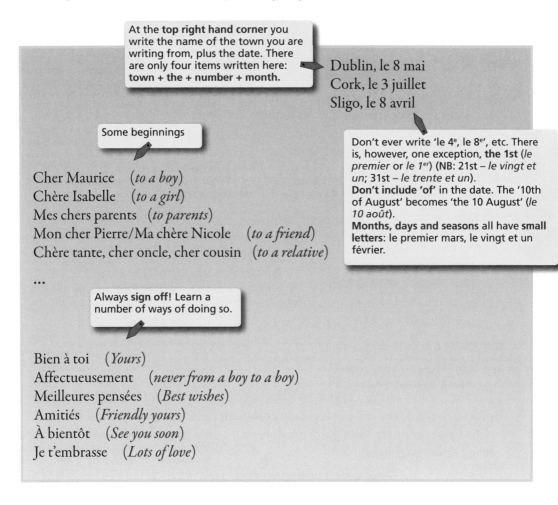

At the **top right hand corner** you write the name of the town you are writing from, plus the date. There are only four items written here: **town + the + number + month.**

Dublin, le 8 mai
Cork, le 3 juillet
Sligo, le 8 avril

Some beginnings

Cher Maurice   *(to a boy)*
Chère Isabelle   *(to a girl)*
Mes chers parents   *(to parents)*
Mon cher Pierre/Ma chère Nicole   *(to a friend)*
Chère tante, cher oncle, cher cousin   *(to a relative)*

Don't ever write 'le 4ᵉ, le 8ᵉ', etc. There is, however, one exception, **the 1st** (*le premier* or *le 1ᵉʳ*) (NB: 21st – *le vingt et un*; 31st – *le trente et un*).
Don't include 'of' in the date. The '10th of August' becomes 'the 10 August' (*le 10 août*).
Months, days and seasons all have small letters: le premier mars, le vingt et un février.

...

Always **sign off!** Learn a number of ways of doing so.

Bien à toi   *(Yours)*
Affectueusement   *(never from a boy to a boy)*
Meilleures pensées   *(Best wishes)*
Amitiés   *(Friendly yours)*
À bientôt   *(See you soon)*
Je t'embrasse   *(Lots of love)*

Sample letters

1. You and your class are in France on an exchange arranged by your school. You are staying with a French family and attending school. Write a letter to your friend in France.

  (i) Tell him/her about your journey from Ireland to France.
 (ii) Describe the family with whom you are staying.
(iii) Say what you think of the French school.
 (iv) Say what you will do next weekend.
  (v) Tell a funny or frightening thing that happened after you arrived in France.

Paris, le 5 juin

Cher Jean,

> 'Grave' accent on 'j'espère' – frequently omitted by students.

> Verbs: when discussing general health use 'aller' (*to go*). Thus: Je **vais** bien (*I'm going well*). 'Je vais' is an obvious trap. It's completely wrong to translate 'I am well' literally. So, in one line, 'aller' appears **3** times: Comment ça **va** ? J'espère que tu **vas** bien. Je **vais** bien. (*How is it going? I hope you're going well. I'm going fine.*)

Salut ! Comment ça **va** ? J'espère que tu **vas** bien. Je **vais** bien. Me voici dans un lycée français à Paris. Je **suis** ici pour un mois. Je **veux** perfectionner ma connaissance du français. Je **fais** un échange avec ce lycée. Mon prof de français a organisé l'échange.

> Tense: present – what's happening.

> Tense: past – what happened.

(i) Je **suis arrivé** ici hier. Je **suis parti** de Shannon vendredi en avion. Le vol a été agréable. J'**aime prendre** l'avion.

> 'I like doing' becomes 'I like **to do**' (*j'aime faire*); 'he likes swimming' – 'he likes to swim' (*il aime nager*). Similarly: 'I enjoy doing' – 'I enjoy/like flying' (*j'aime prendre l'avion*).

> Verb: je loge (*I am staying*)

(ii) Les gens d'ici **sont** très gentils. Je **loge** chez la famille Leclerc. Dans la famille, il y **a** une fille **qui** s'appelle Marie, et deux garçons. Le père **est** ingénieur et la mère est femme au foyer. Elle **fait** de bons repas. Je **m'entends** bien avec les jeunes de la famille.

> 'Qui' is used when linking **two** phrases within one sentence: j'ai un frère **qui** a vingt-deux ans (*I have a brother **who** is 22 years old*).

> Tense: present to describe family

(iii) L'école, ici, ce n'**est** pas comme en Irlande. C'**est** plus **détendu** ; en Irlande, c'**est** plus stressant. Dans ce lycée les cours **commencent** à huit heures et finissent à deux heures et quart. Chaque cours **dure** une heure. C'est assez long.

> Tense: present to describe school.

> Always have a repertoire of adjectives like 'détendu'. Instead of just 'bon', which is overexploited, use: sympa, gentil, agréable, moche, barbant, ennuyeux, intéressant. Lots of variety helps!

(iv) Le week-end approche. Je vais aller en boîte avec mes nouveaux camarades de classe.

(v) Quand je **suis arrivé** en France, j'**ai perdu** ma valise, **qui** **contenait** tous mes vêtements. Imagine. Heureusement, quelqu'un **a trouvé** la valise. J'**ai eu** de la chance.

> Note the use of the '**passé composé**' throughout the letter to describe what happened, especially in the last point. Here, you are asked to describe an event. Only 'contenait' stands out because it is in the **imperfect** tense, describing what the case was continuously 'holding'.

C'est tout pour l'instant.
Amitiés,
Eamonn

(environ 216 mots)

Never translate literally 'I am staying'. 'Am' and 'staying' are combined in **one word** in French. This applies to **every** verb in the language.

There are **three** present tenses in English but only **one** in French: I **am** going, I **do** go, I go (*je vais*). So eliminate 'do' and 'am'.

Translation of sample letter 1:

5th June, Paris

Dear Jean,

Hi! How are things? I hope you are well. I'm fine. Here I am in a French secondary school in Paris. I am here for a month. I want to perfect my knowledge of French. I'm doing an exchange with this school. My French teacher arranged the exchange.

I arrived here yesterday. I left Shannon on Friday by plane. The flight was pleasant. I enjoy flying.

The people here are very nice. I'm staying with the Leclerc family. In the family, there is one girl who is called Marie, and two boys. The father is an engineer and the mother is a housewife. She makes good meals. I get on well with the young people in the family.

School here is not like in Ireland. It's more relaxed; in Ireland, it's more stressful. Classes in this school begin at 8 o'clock and end at 2.15. Each class lasts an hour. It's quite long.

The weekend is drawing near. I'm going to go to a nightclub with my new classmates.

When I arrived in France, I lost my suitcase containing all my clothes. Just think. Fortunately, someone found the case. I was lucky.

That's all for now.
Friendly yours,
Eamonn

2. Your French penfriend has invited you to spend three weeks at his/her home in France in August. In your letter of reply:

- (i) thank him/her for the letter and say you are delighted to accept the invitation;
- (ii) say how you'll travel to France;
- (iii) say what you would like to do there;
- (iv) describe a visit to the cinema last weekend;
- (v) send your regards to his/her parents.

Dublin, le 3 juillet

Chère Laurence,

(i) Bonjour ! Ça va ? J'espère que tu vas bien. Merci pour ton invitation, que j'ai reçue hier. Je suis heureuse d'accepter l'invitation et je serais ravie de te rendre visite en France cet été.

(ii) **Je viendrai** à Paris en avion. Je vais acheter mon billet demain. **J'arriverai** à Paris le 1ᵉʳ août et **je prendrai** le métro pour aller chez toi. Peux-tu me retrouver à **la** station de métro ?

> Tense: future – what you will do.

> 'à la' = 'to the' because 'station' is feminine.

(iii) Pendant mon séjour chez toi, je **voudrais** voir le Louvre et monter en haut de la Tour Eiffel. **J'aimerais faire** une promenade en bateau-mouche sur la Seine. Ce **serait** chouette.

Ça me **ferait** aussi grand plaisir de faire les boutiques à Paris.

> Tense: conditional – what would happen.

> Several mainly leisure activities take the verb 'go' in English: going on a trip, for a walk, etc. In French, however, they take the verb 'do': **faire** une promenade en voiture (*to go for a drive*); faire une excursion en car (*to go on a coach trip*); faire des randonnées à la montagne (*to go for walks in the mountains*); faire du lèche-vitrine (*to go window shopping*). It is worth knowing different ways of saying what you 'would like' to do.

(iv) Samedi dernier, mon petit ami et moi **avons** vu un bon film au cinéma. Il s'appelle *Harry Potter et le prince de sang mêlé*. C'était très amusant, mais l'histoire n'était pas formidable. J'ai aimé les acteurs, surtout Michael Gambon.

> 'my boyfriend and I' = **we**! So use 'avons'.

(v) Bon, c'est tout pour l'instant. J'attends avec impatience mon séjour à Paris. Dis bonjour à tes parents de ma part.

Grosses bises,
Charlotte

(environ 181 mots)

Translation of sample letter 2:

3rd July, Dublin

Dear Laurence,

Hello! How are you? I hope (that) you are well. Thanks for your invitation, which I got yesterday. I am happy to accept the invitation and I'd love to visit you in France this summer.

I'll fly to Paris. I'm going to buy my ticket tomorrow. I'll arrive in Paris on the 1st August and I'll take the metro to get to your house. Can you meet me at the metro station?

During my stay with you, I'd like to see the Louvre and go up the Eiffel Tower. I'd like to go on a boat trip on the Seine. That would be great. I'd also really love to go shopping in Paris.

Last Saturday, my boyfriend and I saw a good film at the cinema. It's called Harry Potter and the Half Blood Prince. It was very entertaining, but the story wasn't great. I liked the actors, especially Michael Gambon.

Well, that's all for the moment. I'm looking forward to my holiday in Paris. Say hello to your parents for me.

Love and kisses,
Charlotte

3. You have just returned to Ireland after spending a holiday with your exchange friend, Antoine, who lives in Switzerland. Write a letter to Antoine:

   (i) to thank him for the holiday;
  (ii) to say what you liked most about Switzerland;
 (iii) to say something about your journey back to Ireland;
 (iv) to tell him some news about your family;
  (v) to mention some things you will do next summer when Antoine comes to Ireland.

Dublin, le 12 juillet

Cher Antoine,

(i) Salut ! Ça va ? J'espère que tu vas bien. Je t'écris cette lettre pour te remercier de m'avoir accueilli chez toi. Je me suis beaucoup amusé. C'était formidable. Ta famille était très sympa.

(ii) J'ai bien aimé la Suisse. Ça m'a beaucoup plu, surtout le paysage : les belles montagnes et les collines vertes avec de grands pins. La campagne était si calme, si paisible ! Ça m'a fait grand plaisir de faire des randonnées en montagne. La cuisine m'a plu, surtout le chocolat.

> Note the different ways of saying you enjoyed/liked in the 'passé composé' – highly recommended.

(iii) Je suis arrivé chez moi hier matin après un assez long voyage. J'ai pris l'avion à Genève. Le vol a duré trois heures. Ce n'était pas trop fatigant. Quand je suis arrivé à Dublin, ma famille m'attendait.

> Note again the use of the 'passé composé' to describe what happened: 'm'attendait' (was waiting for me). In French, 'me, you, him, her,' etc. nearly always go before the verb: Pauline l'a vu à l'école (Pauline saw him at school). Tu leur as envoyé des photos (You sent photos to them).

(iv) Ma famille va bien. Ma sœur a gagné un concours de tennis la semaine dernière. Elle joue dans un club de jeunes local. Elle fait partie de la première équipe. Elle a reçu une médaille.

(v) Quand tu viendras à Dublin l'été prochain, nous irons à la campagne et nous ferons aussi une excursion à Belfast. Il y aura beaucoup de choses à faire. Nous jouerons au foot avec mes amis.

> Tense: future – plans.

Je dois y aller maintenant. Écris-moi vite.

> When 'doing' sports, use 'faire (du karaté)'. When 'playing sports', use 'jouer (au foot)'.

Amitiés,
Gérard

(198 mots)

Translation of sample letter 3:

> 12th July, Dublin
>
> Dear Antoine,
>
> Hi! How's life? I hope (that) you are well. I'm writing this letter to thank you for welcomig me into your house. I had a great time. It was brilliant. Your family were very nice.
>
> I really enjoyed Switzerland. I liked it a lot, especially the scenery: the beautiful mountains and the green hills with the tall pines. The countryside was so quiet and peaceful. I loved going on mountain walks. I liked the food, especially the chocolate.
>
> I arrived home yesterday morning after quite a long journey. I flew from Geneva. The flight took three hours. It wasn't too tiring. When I arrived in Dublin, my family was waiting for me.
>
> My family are well. My sister won a tennis competition last week. She plays for a local youth club. She's on the first team. She got a medal.
>
> When you come to Dublin next summer, we'll go to the countryside and we will also go on a trip to Belfast. There will be a lot of things to do. We'll play football with my friends.
>
> I have to go now. Write to me soon.
>
> Best wishes,
> Gérard

4. Your French penpal, Marie-Pascale, has written to you for your birthday and sent you a CD as a present. Write a letter back to her in which you:

   (i) thank her for the letter and present;
  (ii) tell her something you did for your birthday;
 (iii) give her some news about your family;
  (iv) tell her something about the school trip you will be going on next week;
   (v) ask her if she would like to come to Ireland at Christmas.

Limerick, le 13 octobre

Chère Marie-Pascale,

(i) Bonjour ! Comment ça va ? J'espère que toi et ta famille allez bien. Merci pour ta gentille lettre et ton cadeau. Tu es très généreuse. Le CD me plaît beaucoup parce que c'est mon groupe préféré. J'adore leur musique. La carte d'anniversaire est très amusante !

> Tense: present for first point.

> Try other ways of saying 'I like'. 'Ça me plaît', means 'it pleases me' or 'I like it'. It is the same verb as in 's'il vous plaît' (*if it pleases you*).

(ii) Pour fêter mon anniversaire, ma famille et moi sommes allés au cinéma. Nous avons vu *Transformers*. C'était génial. Ensuite, nous avons dîné au restaurant. J'ai bien mangé. Je me suis amusée.

> Tense: 'passé composé' – how you celebrated.

> Once again, 'my family and I' = we. So use 'sommes'.

(iii) La semaine dernière, mon père a trouvé un nouveau travail dans une entreprise d'informatique. Il est ravi, mais il doit voyager beaucoup plus. Ma mère n'est pas contente. Mon frère aîné a obtenu son permis de conduire. Il a de la chance.

> Tense: past and present for news of family.

(iv) La semaine prochaine, ma classe va faire une excursion en Irlande du nord. Ce sera très intéressant. Nous irons à Belfast. Tout est moins cher qu'à Limerick. Je vais acheter d'autres CD et des jeux électroniques.

> Tense: future and 'futur proche' for plans.

(v) J'ai une bonne idée. Veux-tu venir ici en Irlande pour Noël ? Tu peux habiter chez nous. Ce serait chouette. Écris-moi vite pour me donner ta réponse.

> Asking questions: when using 'je, tu, il, elle, nous, vous, ils, elles' (and nothing else) **turn the pronoun and the verb around**. It's called **inversion**: Anne, **es-tu** malade ? (*Anne, are you sick?*) Salut, **vas-tu** à l'école ? (*Hi, are you going to school?*)

> Tense: verbs with infinitives.

Bien à toi,
Lara

(190 mots)

Translation of sample letter 4:

13th October, Limerick

Dear Marie-Pascale,

Hello! How are you? I hope that you and your family are well. Thanks for your nice letter and present. You are very generous. I like the CD a lot because it's my favourite group. I love their music. The birthday card is quite funny.

To celebrate my birthday, my family and I went to the cinema. We saw Transformers. It was great. Then we went for dinner at a restaurant. I ate well. I enjoyed myself.

Last week, my father got a new job in a computer company. He is delighted, but he has to travel much more. My mother isn't happy. My eldest brother got his driving licence. He's lucky.

Next week, my class is going on a trip to Northern Ireland. It'll be very interesting. We'll be going to Belfast. Everything is less expensive than in Limerick. I'm going to buy more CDs and some computer games.

I've a good idea. Will you (Do you want to) come to Ireland for Christmas? You can stay with us. It'd be marvellous.

Write to me to give me your answer.

Yours,
Lara

5. You are just back from a school trip to Paris. Write a letter to your friend, Robert, in the south of France, in which you:

(**i**) tell him when you arrived home and how you travelled;
(**ii**) say which part of the trip you liked most and why;
(**iii**) tell him you bought a jacket when you were in Paris and describe it;
(**iv**) tell him what you will be doing for your summer holidays;
(**v**) ask Robert if he is going to his grandparents' house again for his summer holidays.

Tullamore, le 8 mai

Cher Robert,

> Tense: 'passé composé' to describe trip.

(**i**) Ça va ? Je suis arrivé chez moi aujourd'hui à trois heures après un séjour de sept jours à Paris. Nous avons pris l'avion jusqu'à Dublin, et ensuite nous sommes allés à Tullamore en train. Le voyage n'a pas duré trop longtemps : environ deux heures d'avion et une demi-heure de train. C'était plutôt agréable comme voyage, car j'ai regardé un film pendant le vol.

(**ii**) Comme tu sais, la semaine dernière, je suis allé à Paris avec mes camarades de classe et deux profs. J'ai aimé les musées et je suis monté en haut de la Tour Eiffel. La nourriture à Paris était excellente, mais chère. Ce que j'ai aimé le plus, c'est la promenade en bateau-mouche sur la Seine. Ça m'a beaucoup plu.

(**iii**) J'ai acheté une belle veste en cuir dans un grand magasin à Paris. Elle est noire et assez longue. Elle m'a coûté pas mal d'argent ! J'ai fait des économies l'été dernier. J'ai travaillé dans l'usine de mon oncle.

> Tense: 'passé composé' – what you did.

(**iv**) Pendant l'été, je vais travailler dans un restaurant en ville pour gagner de l'argent. Je vais aider le chef à préparer les plats. Je devrai travailler du lundi au vendredi. Je compte passer mes vacances en Espagne avec mes amis en août. Ça sera génial !

> Tense: verb + infinitive to describe plans – helping someone to do something is 'aider à' plus infinitive: Il m'**aide à laver** la voiture. (*He helps me to wash the car.*) J'**aide** mon ami à **porter** ses valises. (*I help my friend to carry his bags.*)

> It is **vital** to use verbs that take infinitives. They say what you **are going to do, will have to do** and **intend to do**. You have already met 'I would like' (*je voudrais*) and 'I can' (*je peux*) in previous letters.

(**v**) Et toi, qu'est-ce que tu vas faire cet été ? Est-ce que tu vas rendre visite à tes grands-parents pendant les vacances ?

C'est tout pour l'instant. Amuse-toi bien !

> Asking questions: when you use '**est-ce que**', you do **not** invert the verb and its subject. The **subject** is the **person, place or thing doing the action** of the verb. For example in 'l'enfant rit' (*the child is laughing*), 'l'enfant' is the subject.

Bien à toi,
Joseph

(environ 148 mots)

MORE ON ASKING QUESTIONS

Est-ce que tu vas à l'école ? *Are you going to school?*

Est-ce que nous passons chez elle ? *Are we calling at her house?*

Est-ce que la France est le plus grand pays de l'Europe ? *Is France the biggest country in Europe?*

Est-ce que Paul achète un vélo ? *Is Paul buying a bike?*

Words like 'pourquoi' (*why*), 'quand' (*when*), 'que' (*what*), etc., go before 'est-ce que':

Pourquoi est-ce qu'il part ? *Why is he leaving?*

Quand est-ce que vous retournerez en Suisse ? *When will you be going back to Switzerland?*

Qu'est-ce que tu fais ? *What are you doing?*

Translation of sample letter 5:

8th May, Tullamore

Dear Robert,

How are things? I arrived home today at 3 o'clock after a holiday of seven days in Paris. We flew to Dublin, and then we went to Tullamore by train. The journey didn't last too long: about two hours by plane and a half-hour by train. It was quite a nice trip because I watched a film during the flight.

As you know, last week, I went to Paris with my classmates and two teachers. I enjoyed the museums and I went up the Eiffel Tower. The food in Paris was brilliant, but expensive. What I enjoyed the most was the pleasure boat cruise on the Seine. I really liked that.

I bought a lovely leather jacket in a department store in Paris. It's black and quite long. It cost me quite a lot of money! I saved up last summer. I worked in my uncle's factory.

During the summer, I'm going to work in a restaurant in town to earn some money. I'm going to help the chef to prepare the dishes. I'll have to work from Monday to Friday. I intend to spend my holidays in Spain with my friends in August. It'll be great!

What about you? What are you going to do this summer? Are you going to visit your grandparents during the holidays?

That's all for the moment. Have fun!

Yours,
Joseph

Letter writing exercises

Exercise 1 : L'école

You have received a letter from your French penpal in which (s)he describes his/her school. You write back to Jean/Jeanne and give details of school life in Ireland. In particular, include details such as:

   (i) **Uniform** : Tu portes un **uniforme** ? Je porte un pull en V. On porte aussi une cravate rayée.

  (ii) **Timetable** : Comment est ton **emploi du temps** ? Nous avons une longue journée de neuf cours.

 (iii) **Subjects** : Combien de **matières** est-ce que tu étudies ? J'étudie neuf matières qui comprennent l'informatique et les travaux manuels.

  (iv) **Rules** : Le **règlement** de l'école, est-il trop sévère ? Ou laxiste ? Dans notre école, on doit bien se comporter.

  (v) **Teachers** : Comment sont les **profs** ? Sont-ils sévères, sympa, gentils ?

  (vi) **Facilities** : Les **installations** sportives, elles sont bonnes ? On a un terrain de sport et un gymnase.

Opening:

                                                      Dublin, le 10 mai

Cher Jean/Chère Jeanne,

Merci pour ta lettre, que j'ai reçue hier matin. Dans ta lettre, tu parlais un peu de ton école. Je vais te décrire la mienne.

(Thanks for your letter, which I received yesterday morning. In your letter, you talked a little about your school. I'll describe mine to you.)

See solution page 123.

Exercise 2 : Un voyage en Irlande

You are writing a letter to your exchange student in Rouen. In the letter you inform him/her about:

   (i) **Travel arrangements** : Je me suis occupé de toute l'**organisation** du voyage. Je viendrai te chercher à l'aéroport/Je vais venir te chercher à l'aéroport.

  (ii) **Accommodation/your house** : Pour ce qui est de l'**hébergement**, tu auras ta propre chambre. J'habite une assez grande maison.

 (iii) **Irish meals** : En Irlande, on mange bien au petit déjeuner. Les **repas irlandais** comportent beaucoup de viande, de ragoût et de pommes de terre.

  (iv) **Daily routine** : Pendant les vacances d'été, je me lève tard, mais toi, tu vas assister à des cours. On prend le repas principal le soir.

  (v) **Activities together** : Il y a beaucoup à voir et à faire à Dublin. On pourrait faire des randonnées dans la montagne.

Opening:

> Tallaght, le 22 mai
>
> Cher Marc/Chère Hélène,
>
> Je t'écris cette lettre pour te faire savoir que tu vas habiter chez moi dans le cadre d'un échange.
>
> *(I'm writing this letter to let you know that you will be staying with me on an exchange.)*
>
> Maintenant, je me présente…

See solution page 124.

Exercise 3 : Une nouvelle maison

You write a letter to your penfriend Alain/Véronique to tell him/her the news that you and your family have moved house. In the letter, develop the following points:

- (i) **Left old home** (déménager): (S'installer) dans notre nouvelle maison.
- (ii) **Reason**: Mon père (prendre) sa retraite. Ma mère n'aime plus vivre dans une grande ville.
- (iii) **Where**: On (acheter) une maison à la campagne, à 50 km de la ville.
- (iv) **How you like it**: La nouvelle maison me (plaire). Je la préfère à notre ancienne maison. Elle a trois pièces au rez-de-chaussée. Au premier étage, il y a quatre chambres et deux salles de bains. Il y a aussi un grenier.
- (v) **Why**: Les voisins (être) plus aimables. Je (se faire) de nouveaux amis à l'école.

Opening:

> Mountrath, le 15 avril
>
> Cher Alain/Chère Véronique,
>
> Ça va ? Je m'excuse de ne pas avoir écrit depuis février. Je vais t'expliquer. J'ai des nouvelles à t'annoncer.
>
> *(How are things? Sorry for not writing since February. I'll explain to you. I have some news to tell you.)*

See solution page 125.

key point

Don't forget to include all the points in the question.

Further practice for letter writing

The aim of this section is to **help students** to learn how to **express themselves** in French letter writing.

These exercises include several **points of grammar** also dealt with in the grammar section.

Many letters to friends overseas involve the theme of school. The student is **thinking in English** and must **translate into French.**

Exercise 1 : L'école

Translate the following letter to a French friend into French.

> 7th October, Carrick-on-Shannon
>
> Dear Luc,
>
> Hi! How are things? In your last letter, which I got last week, you asked me to tell you about my school. Well, in my school there are 600 pupils, boys and girls. It is a big enough school, which is situated 5 kilometres from the city centre. I walk to school every day. It takes 10 minutes. I live near the school. It's called St. Declan's.
>
> I am in the second year. I do nine subjects. My favourite subject is Irish. I speak it almost fluently. I am also good at German. I love languages. However, I am weak at Science and hopeless at Maths.
>
> Classes begin at a quarter to nine and finish at 4 o'clock. We have a break for 15 minutes at 10.45. We have a break for lunch at 1 p.m. It lasts one hour.
>
> There are about 30 pupils in each class. The teachers are friendly but strict. I have many good friends in my school. After 4 p.m. my friends and I play football. When I go home, I do my homework.
>
> What is school like in France? How many classes a day do you have? Do you go to school on Saturdays? Write to me soon and tell me about your school.
>
> Friendly yours,
> Paul

See solution page 126.

Exercise 2 : Les vacances

Translate the following letter to a French friend into French.

4th July, Nice

Dear Jeannette,

Greetings from Nice, where I am spending my holidays with my family. We've been here for three days and are staying for one week. We left Dublin on Sunday and flew to Paris. Then we took the train to Nice. The flight was pleasant and quick, but the journey by train was long and boring.

In any case, here we are and we're enjoying ourselves. The weather is lovely, not a cloud in the sky. It's so warm. I swim in the warm sea every day.

I have met young people from several different countries. They are very nice and we hang around (traîner) a lot together. In the evenings we go to a disco. It's really great (génial).

Nice is an extremely expensive town. In the department stores, the prices of clothes are very high (élevés) and I can't afford to (avoir les moyens de) buy blouses and jeans. It's awful.

I'm having a good time. Where do you normally go on holidays? You must come to Ireland one day.

That's all for now. See you!

Friendly yours,
Claudine

See solution page 127.

Formal letters

Although these letters are on the course, they are often **not** examined! However, as they are on the syllabus, it might be an idea to treat them as a possible question. Indeed, the formal letter appeared in the 2005, 2007 and 2010 papers. Here we look at its structure and give phrases and two examples.

Format

The letter contains two addresses, the sender's and the receiver's. The position of the addresses is the opposite to that used in English. Often, formal letters refer to enquiries or bookings for the summer holidays. Here is an example:

> Sender's address: at the **top left-hand** corner of the letter.

> Receiver's address: on the **right-hand side** above the date.

Michael O'Neill
19, Stratton Road
Dun Laoghaire
Co. Dublin

Hôtel Rochefort
Arcachon
33313 France

Dublin, le 18 mai

> Date: two lines **below the receiver's address**.

Monsieur,

> In a formal letter, always address the person as **'vous'**.

Je vous écris de la part de (*on behalf of*) ma famille, qui compte (*intend*) passer deux semaines dans le sud de la France. Nous voudrions séjourner dans votre hôtel. On est cinq (*There are five of us*) : mon père, ma mère, mes deux frères et moi.

Pourriez-vous (*Could you*) réserver une chambre double avec salle de bains, une chambre à deux lits avec douche et une chambre à un lit avec douche ? Nous arrivons le 20 juin et partons le 4 juillet. Nous voudrions la pension complète (*full board*).

Veuillez (*a very formal way of making a request: Please ...*) nous indiquer (*let us know*) le tarif (*price*) de ce séjour. Avez-vous un tarif réduit pour les moins de dix ans ? Est-ce que l'hôtel est loin de la plage ?

Nous avons l'intention de (*intend*) faire des excursions (*outings*) en voiture dans la région. Je vous serais très reconnaissant (*I'd be very obliged*) de bien vouloir (*if you would be so kind as to*) nous envoyer des dépliants (*brochures*) sur la région.

Veuillez agréer, Monsieur, l'expression de mes sentiments distingués. (*All of this merely means: Yours faithfully.*)

> A vital sentence for this type of letter. It doesn't translate well directly, so learn it as it stands.

Translation:

Michael O'Neill
19, Stratton Road   Hôtel Rochefort
Dun Laoghaire   Arcachon
Co. Dublin   33313 France

                                                     18th May, Dublin

Dear Sir,

I am writing to you on behalf of my family who intend to spend two weeks in the south of France. We would like to stay in your hotel. There are five of us: my father, my mother, my two brothers and myself.

Could you book one double room with bath, a twin room with shower and a single with shower? We are arriving on 20th June and leaving on 4th July. We would like full board.

Please let us know the price of this stay. Have you a reduction for the under tens? Is the hotel far from the beach?

We intend to go for drives around the area. I would be obliged if you would be so kind as to send us some brochures about the area.

Yours faithfully,

Here is a letter booking a site for a car and a tent at a campsite:

Sheila Jones
35, Bridge Road   Camping Municipal de Bayeux
Longford   Normandie
Irlande   France

                                                   Longford, le 2 mars

Monsieur,

Mes amies et moi voudrions passer une semaine dans votre camping au mois de juin
cet été. **Nous sommes quatre filles** (*There are four girls*). Nous comptons rester du 7
au 14 juin. **Pourriez-vous nous réserver un emplacement** (*site*) **pour une tente et
une voiture ? Voulez-vous** (*Will you*) **nous indiquer le tarif ?**

Nous aimerions également faire des promenades en voiture dans votre région.
Donc, je vous serais reconnaissante de bien vouloir nous envoyer des
renseignements (*information*) sur Bayeux et ses environs **le plus rapidement
possible** (*as quickly as possible*).

Est-ce qu'il y a des endroits intéressants à visiter en Normandie ? Peut-on aller voir
des châteaux ? Votre camping est-il loin des magasins ?

J'attends votre réponse avec impatience (*I look forward to your reply*).

Je vous prie d'agréer (*an alternative to* 'Veuillez agréer' *meaning the same thing*),
Monsieur, l'expression de mes sentiments distingués.

Translation:

Sheila Jones
35, Bridge Road   Camping Municipal de Bayeux
Longford   Normandy
Ireland   France

                                   2nd March, Longford
Dear Sir,

My friends and I would like to spend a week in your campsite in the
month of June this summer. There are four girls. We intend to stay from
the 7th to the 14th of June. Could you book us a site for a tent and a car?
Will you let us know the price?

We would also like to go for drives in your area. So I would be much
obliged if you would send us some information about Bayeux and the
surrounding area as quickly as possible.

Are there any interesting places to visit in Normandy? Can one go and see
castles? Is your campsite far from the shops?

I look forward to your reply.

Yours faithfully,

Formal letter writing exercises

Exercise 1

Write a letter to a hotel in Brittany and do the following:

(i) Book one double and one twin room with shower.
(ii) Ask to stay for a week, 8th–15th August.
(iii) Ask for full board.
(iv) Ask for the price.
(v) Ask about facilities in the hotel.
(vi) Ask what there is to see and do in the area.

Exercise 2

Write a letter to a campsite in Normandy with the following details:

(i) There are three of you who wish to stay for four nights.
(ii) You need a site for just one tent.
(iii) You're staying from 3rd–7th June.
Ask:
(iv) how much it will cost;
(v) about activities in the area;
(vi) whether there are showers and toilets on the site;
(vii) if there are any shops on the campsite.

See solutions page 128.

NOTES:

- Only two question forms are acceptable in formal letters:
  (a) **Est-ce que** : Est-ce qu'on peut louer des vélos ? *Can we rent bikes?*
  (b) **Inversion** : Pourriez-vous nous réserver… ? *Could you book us …?*

- Dear Sir *(Monsieur)*/Dear Madam *(Madame)*

  Do not translate 'Dear' – unless you know the adult to whom you are writing (e.g. the parent of a friend in whose house you stayed). In that case, you use the full name: 'Chère Madame Aubertot'.

- Some other **useful formal phrases** worth learning:

  Pourriez-vous m'envoyer une liste de vos tarifs/de campings ? *Could you send me a list of prices/campsites?*

  Est-il possible de louer des vélos ? *Is it possible to hire bikes?*

  Je voudrais aussi savoir s'il y a une piscine dans l'hôtel. *I'd also like to know if there is a swimming pool at the hotel.*

  Quelles activités y a-t-il pour les jeunes ? *What activities are there for young people?*

  Je voudrais un emplacement ombragé. *I'd like a shady site.*

Sample answer to 2007 formal letter

Martina Doyle
4, Summerfield Drive
Patrickswell
Co. Limerick
Irlande

M. Sibout
Hôtel de la Paix
rue du 14 juillet
75008 Paris
France

Patrickswell, le 6 avril

Monsieur,

Je vous écris cette lettre pour obtenir du travail dans un hôtel pendant les vacances d'été cette année.

Je me présente. Je m'appelle Martina Doyle. J'ai seize ans, mais j'aurai dix-sept ans en mai. Je vais au lycée dans mon village.

Je voudrais travailler en France pendant les grandes vacances, parce que j'aimerais perfectionner ma connaissance de la langue française. Je veux aussi rencontrer des Français et connaître la culture française.

L'été dernier, j'ai travaillé dans l'hôtel de mon oncle à Cork. J'ai exécuté toutes sortes de tâches. J'ai travaillé dans le restaurant, en cuisine et dans les chambres. C'était une expérience formidable.

Où se trouve votre hôtel exactement ? Est-il grand? Est-ce que c'est un vieil hôtel ? Combien de chambres avez-vous ? Est-il loin du centre-ville ?

Je serai disponible à partir du 1er juin. Au plaisir de vous lire.

Je vous prie d'agréer, Monsieur, l'expression de mes sentiments distingués.

Translation:

Martina Doyle
4, Summerfield Drive
Patrickswell
Co. Limerick
Ireland

M. Sibout
Hôtel de la Paix
rue du 14 juillet
75008 Paris
France

6th April, Patrickswell

Dear Sir,

I am writing this letter to you in order to obtain some work in a hotel during the summer holidays this year.

I shall introduce myself. My name is Martina Doyle. I am 16 years old, but I will be 17 in May. I go to the secondary school in my village.

I would like to work in France during the summer holidays, because I would like to improve my knowledge of the French language. I would also like to meet French people and learn about French culture.

Last summer, I worked in my uncle's hotel in Cork. I did all sorts of jobs. I worked in the restaurant, the kitchen and the bedrooms. It was a great experience.

Where is your hotel exactly? Is it big? Is it an old hotel? How many bedrooms have you got? Is it far from the city centre?

I will be available from the 1st of June. I look forward to hearing from you.

Yours faithfully,

2. Postcards

- The postcard is **marked out of 30: 15 marks are given for communicating the three points** effectively, i.e. so they can be clearly understood by a French person; and **15 marks are allocated to language content**, i.e. grammar and expression.
- These postcards are very brief, requiring approximately **40 words**.
- Basically, it's a matter of **mentioning the three points** that you are asked to write. No development of the points is necessary.
- Only 30 marks (out of 320) are awarded. That is still **almost 10%** of the total.
- The awarding of **marks** is usually **in proportion**, i.e. if you score low on the content, you cannot score high on language, and vice versa.
- If you leave out one point, then you will be marked out of only two-thirds of the marks for both content and language.
- The emphasis is on **good, short, grammatically correct** sentences.
- The postcard has appeared on the exam paper in the years: 1999, 2002, 2004, 2006 and 2009.

The following chart outlines the themes of each postcard question as it appeared on the exam paper:

Year	Point 1	Point 2	Point 3
2002	went to Donegal; with whom; when arrived	weather	will go to Derry tomorrow
2004	where you are; with whom	went to Tralee	will return Friday
2006	when arrived; with whom	hotel lovely; enjoying self	will go to beach
2009	where you are; with whom	went to museum	will visit place

key point

Notice the **persistent point** about 'who you are with, when you arrived, where you are'.
The **future tense** often appears in the third point.

COMMON THEMES

(i) Where you are and with whom.
(ii) When you arrived and where you are staying.
(iii) Description of weather and food.
(iv) How you are spending your time.
(v) When you are returning home.

TYPICAL PHRASES (FOR EACH THEME ABOVE)

(i) Je suis en vacances à Perpignan avec ma famille.   *I am on holidays in Perpignan with my family.*
   Salutations de Rome où je passe mes vacances.   *Greetings from Rome where I am spending my holidays.*

(ii) Nous sommes arrivés la semaine dernière et nous habitons à l'hôtel.   *We arrived last week and we're staying in a hotel.*

(iii) Il fait très chaud/Il pleut constamment.   *It's very warm/It's raining constantly.*
   La cuisine me plaît beaucoup.   *I like the food a lot.*
   La nourriture est affreuse.   *The food is awful.*

(iv) Nous nous baignons tous les matins.   *We swim (bathe) every morning.*
   Je me fais bronzer l'après-midi.   *I sunbathe in the afternoons.*
   Nous sortons en boîte le soir.   *We go out to a nightclub in the evenings.*

(v) Je vais rentrer chez moi la semaine prochaine.   *I am going to return home next week.*
   Nous rentrerons vendredi.   *We'll be back on Friday.*

You will probably use the present tense, the 'passé composé' and the future tense (or the 'futur proche', i.e. what you 'are going to do').

It is essential that you know your tenses thoroughly.

1. First of all, the **future tense**, because you often have to say when you 'will return' from a place, e.g.:
    ➤ Je **serai** de retour vendredi. *I'll be back on Friday.*
    ➤ Nous **rentrerons** la semaine prochaine. *We'll return next week.*
    ➤ Ma famille et moi **ferons** du tourisme à Rome. *My family and I will be touring in Rome.*

2. You must also know the **past tense** to express what you 'were doing' or 'have done/did'.

    - Remember, if you are expressing what you did as a single past action, use the '**passé composé**':
      Je **suis arrivé** à Bordeaux. *I arrived in Bordeaux.*
      Nous **avons réservé** un emplacement. *We booked a site.*
      On **s'est baigné** dans la mer. *We swam (bathed) in the sea.*
      J'**ai rencontré** un jeune Anglais. *I met a young English lad.*

    - If you are saying what you 'were doing' or 'had been doing' and it was an action that had been going on for some time, then use the **imperfect tense**:
      J'**écrivais** ce petit mot quand j'ai entendu le téléphone. *I was writing this note when I heard the phone.*
      J'**attendais** le bus quand j'ai vu ta voiture. *I had been waiting for the bus when I saw your car.*

3. You have to know the **present tense** to express what you 'are doing' at the moment:
    ➤ Je **loge** dans un hôtel. *I'm staying in a hotel.*
    ➤ Je **bronze**. *I'm getting a tan.*

To summarise, remember these points:

- **Learn the three basic tenses:** past, present, future.
- **Be relevant!** Don't wander off the point. Say what you have to say and sign off! Occasionally, some padding may be necessary.
- If you omit one point out of three, you will only be marked out of 2/3 of 30, i.e. 20 marks. Make sure you **deal with all the points**.
- **Learn prepositions** because you will be saying where you're travelling **to**, where you're coming **from**, who you're staying **with**, etc.

Since most postcards are about **holidays**, you will very likely be saying:

- when you arrived:

  Je suis arrivé ici hier soir. *I arrived here last night.*

  Nous sommes arrivés au camping mardi. *We arrived at the campsite on Tuesday.*

- where you are staying:

  Je loge chez la famille Cardin. *I'm staying with the Cardin family.*

  Nous passons une semaine dans un camping. *We're spending a week in a campsite.*

- What you do every day:

  On va à la plage le matin. *We go to the beach in the mornings.*

  Je joue au foot avec mes amis. *I play football with my friends.*

  Mes amis et moi allons en boîte le soir. *My friends and I go to a nightclub in the evenings.*

  Je fais du tourisme dans la ville. *I go sightseeing in the town.*

- What the weather is like:

  Il fait assez chaud. *It's quite hot.*

  Il n'y a pas de nuages. *There aren't any clouds.*

  Il fait gris. *It's overcast.*

- What you will do tomorrow and when you will return:

  Demain, j'irai en Italie. *Tomorrow, I'll be going to Italy.*

  Je vais rentrer la semaine prochaine. *I'll be returning next week.*

  Samedi, nous ferons une promenade en voiture. *On Saturday, we'll go for a drive.*

Sample Postcards

Sample 1.

Kenmare, le 8 juillet

Cher Cédric,

Salut ! Me voici dans une colonie de vacances dans le sud de l'Irlande. Elle me plaît, cette colonie. Il y a beaucoup de jeunes de nationalités différentes. On fait du sport tous les jours. Ce que je n'aime pas, ici, c'est la cuisine. C'est très mauvais. Hier soir, j'ai rencontré une belle Française. Elle est très gentille. Il fait beau, il y a juste quelques nuages.

À bientôt,
Gérard

'Me voici' =
Here I am
('Nous voici' =
Here we are).

'Elle me plaît, cette colonie' is another way of saying 'J'aime la colonie'.

'On' is used for 'we' with the 3rd person singular (il, elle) of the verb.

Adjectives: don't forget to make them agree: différentes, belle, gentille, quelques.

Translation:

8th July, Kenmare

Dear Cédric,

Hi! Here I am in a holiday camp in the south of Ireland. I like the camp. There are lots of young people of different nationalities. We play sport every day. What I don't like here is the food. It's really awful. Last night, I met a beautiful French girl. She is very nice. The weather is fine, there are just a few clouds.

See you soon,
Gérard

Sample 2.

To say 'in' with a county, use 'dans le' (or 'dans la'): dans le Surrey, dans le Mayo.

Kerry, le 6 juin

Chère Céline,

Verb 'to visit': J'ai visité le château (*places*); Elle a rendu visite à sa tante (*people*). However, it's easier to say 'aller voir' (*go and see*) or just 'voir': Elle est allée voir sa tante/ Elle a vu sa tante.

Nous voici dans le Kerry, où mes trois amies et moi passons une semaine dans une caravane au bord de la mer. Je me baigne beaucoup. Nous avons visité un vieux château, et après, nous avons fait un pique-nique. Nous revenons vendredi.

Another 'faire' expression: faire un pique-nique (*to have a picnic*).

À bientôt,

Patricia

Use different forms of saying 'return/come back' other than 'retourner', which is too similar to English. Try: Nous serons de retour (*We'll be back*). Or: Nous allons revenir (*We are going to return*); Nous allons être de retour (*we're going to be back*); Nous reviendrons (*we will return*).

key point

Note that 'to return home' = 'rentrer': Je suis rentré à minuit.

Translation:

> 6th June, Kerry
>
> Dear Céline,
>
> Here we are in Kerry, where my three friends and I are spending a week in a caravan at the seaside. I swim a lot. We visited an old castle, and then we had a picnic. We'll be back on Friday.
>
> See you soon,
> Patricia

Sample 3.

Bundoran, le 5 juillet

Cher Didier,

Salutations de Bundoran, où je passe mes vacances avec ma famille. Nous sommes arrivés hier à seize heures. Il fait un peu froid, mais le soleil brille. Je vais aller à Derry demain pour faire des achats. Je vais acheter beaucoup de cadeaux. Je rentre chez moi samedi, je t'écrirai.

> Je vais aller (*I'm going to go/I'll be going*); Je vais acheter (*I'm going to buy / I'll be buying*).

Amitiés,

Raoul

Translation:

5th July, Bundoran

Dear Didier,

Greetings from Bundoran, where I'm spending my holidays with my family. We arrived yesterday at 4 p.m. It's a little cold, but the sun is shining. I'm going to go to Derry tomorrow to do some shopping. I'm going to buy a lot of presents. I'm returning home on Saturday, I'll write to you.

Friendly yours,
Raoul

Exercises on postcards

Exercise 1

Write a card to your parents telling them about your
camping holiday abroad in Belgium. You have been staying
at a campsite with three friends near the French border. Tell
them the following:

> **Remember to mention every point!**

> (i) What the weather is like.
> (ii) What there is to do at night.
> (iii) Your plans to go on a trip to France next week.
> (iv) That you'll return home next month.

Exercise 2

You're on holiday in the South of France. Write a card to your friend in Paris, including the
following points:
> (i) Where you are and with whom.
> (ii) How long you're staying and in what kind of accommodation.
> (iii) How you spend your evenings.
> (iv) When you are going home.

Exercise 3

You are on a winter skiing holiday in the Alps (Val d'Isère). Write a postcard to your friend
Michel/Michèle in Brussels. Give him/her the following information:
> (i) How you found the journey to the Alps.
> (ii) What kind of accommodation you are staying in.
> (iii) How you find the skiing.
> (iv) What the social life is like.

Exercise 4

You are an Irish student spending one month in Normandy learning French. Write to
your friend Jacques/Jacqueline in Poitiers telling him/her the following:
> (i) The ferry crossing was not pleasant.
> (ii) The people are friendly and nice.
> (iii) The countryside is beautiful.
> (iv) Tomorrow you're going on a trip to Bayeux.

The following exercise is to help you to **understand the structure** of **typical** phrases
used in postcards.

Exercise 5

Fill in a suitable word in the blank in French.
> (i) Je suis en ... à Paris.
> (ii) Me voilà ... Nice, ... France.
> (iii) Nous ... ... camping dans le Kerry.
> (iv) Cet été, nous ... en vacances dans ... ferme.

  (v) Bray, près de Dublin, ... chouette.
 (vi) La cuisine ... est extra.
(vii) La plage ... superbe.
(viii) On ... nager, pêcher, faire ... ski nautique ou de la planche à voile.
 (ix) Il ... ... du soleil tout le temps.
  (x) La ... est dégoûtante : on mange des escargots !
 (xi) On ... amuse bien.
(xii) Nous ... allés voir ... musées et les ... historiques.
(xiii) Il ... très froid.
(xiv) La plage ... trouve ... cent mètres ... notre hôtel.
 (xv) Nous sommes ... sains et saufs.
(xvi) L'hôtel ... très bien équipé.
(xvii) Il ... ... une salle de réunion.
(xviii) Demain, nous ... à la montagne.
(xix) J'espère ... de belles photos.
 (xx) As-tu ... une bonne semaine ... Grenoble ?
(xxi) Amuse-... bien à Cannes.

See solutions page 129.

3. Cloze tests

It is good practice to try to fill in the gaps on the following postcards.

Exercise 1

Nice, le 10 juillet

Chère Chantal,

. . . voici . . . Nice, France. Je passe mes vacances . . . ma tante . . . . chouette ! Le temps . . . plaît. Quelquefois, il . . . trop chaud. Pendant la journée, je . . . allonge sur la plage et . . . bronze. La semaine . . . , nous . . . une excursion d'une journée . . . car pour aller. . . Monaco.

À . . .

Exercise 2

Chère Nicole,

Salut ! Tu . . . bien arrivée . . . Lyon ? De mon côté, voici les nouvelles : j'ai . . . un emploi à . . . partiel . . . un garage près . . . chez . . . . C'est assez . . . payé. Je . . . pompiste. . . . le mois d'août, je vais . . . du camping . . . mes parents . . . . . . campagne. C'est tout . . . l'instant.

Exercise 3

Chère Patricia,

Bonjour . . . Nice. Je . . . arrivé en avion la semaine . . . . Le soleil brille chaque jour.
Je loge . . . trois . . . chez la famille Durand. Ils . . . très gentils. Il . . . a quatre . . . dans leur famille. La cuisine . . . excellente. On . . . des plats de poisson, . . . bifteck et de beaux légumes. Je . . . des progrès en français.

Exercise 4

Chère Valérie,

Salut . . . Paris ! Toute . . . classe et moi . . . ici pour un séjour . . . une semaine. . . . formidable ! Nous . . . visité les sites les plus importants. Bien sûr, on . . . vu Le Louvre. Ce qui ne . . . plaît pas, c'est la nourriture ; trop . . . légumes. C'est infect ! Je pars rejoindre . . . copains.

See solutions page 130.

4. Notes/Emails

- The note, like the postcard, is **marked out of 30: 15 marks are given for communicating the three points** effectively, i.e. so they can be clearly understood by a French person; and **15 marks are allocated to language content**, i.e. grammar and expression.
- These notes are very brief, requiring approximately **40 words**.
- The awarding of **marks** is usually **in proportion**, i.e. if you score low on the content, you cannot score high on language, and vice versa.
- If you leave out one point, then you will be marked out of only two-thirds of the marks for both content and language.
- The emphasis is on **good, short, grammatically correct** sentences.
- The note has appeared on the exam paper more often than the postcard. It came up in the years: 1998, 2000, 2001, 2003, 2005, 2007, 2008 and 2010.

The following chart gives you a quick overview of what came up in the **note** question:

Year	Point 1	Point 2	Point 3
2001	went to swimming pool	will be back at 1.00	going to see a film; want to come?
2003	didn't do homework; say sorry	played basket match	will do work tonight
2005	invite someone to your house	you invited some friends from school	the party will end at 11.00
2007	left house at 7.30	going to Nice with class	will be back
2008	work as au pair; house too warm	went out to park	will return
2010	left house at 10.00	going to shopping centre with friends	want to go to the stadium?

key point

Note the persistent use of the 'passé composé': 'went/did/played' and the persistent use of the future tense: 'will be back'.

TYPICAL POINTS

  (i) A person is out, and you leave a note for them.

 (ii) You leave a note to say that you have gone out.

(iii) You say where you are going and what you are doing.

(iv) You may need to cancel an arrangement.

 (v) You are inviting someone.

(vi) You say when you will be back.

TYPICAL PHRASES

pendant ton/votre absence   *while you were out*

Je te/vous laisse ce mot.   *I'm leaving you this note.*

juste un petit mot   *just a short note*

pour te/vous dire que...   *to tell you that ...*

Je ne peux pas venir.   *I can't come.*

Veux-tu venir avec nous ?   *Do you want to come with us?*

Je serai de retour/reviendrai/rentrerai à 7 h.   *I'll be back at 7 o'clock.*

Alternatively: Je vais être de retour/rentrer/revenir   *I'm going to return*

Un ami m'a téléphoné.   *A friend phoned me.*

Je suis allé/suis sorti.   *I have gone/have gone out.*

Je vais rejoindre mes amis.   *I'm going to join my friends.*

Je suis passé chez toi.   *I dropped/called in at your place.*

Sample notes

1. Formal: use '**vous/votre**' with 'Monsieur/Madame'.

---

16 h

Mme Duclos,

Je **vous** laisse ce mot parce que pendant **votre** absence, un de mes copains m'a passé un coup de fil. Il **m'a invitée** à l'accompagner à la piscine. Il va y rejoindre ses amis. Je reviendrai vers six heures pour mon goûter.

À tout à l'heure,

Martha

'Inviting' someone to do something takes 'à' before the verb: il m'**a invité à** aller ...

> *Dear Mme Duclos,*   *4 p.m.*
>
> *I'm leaving you this note because, while you were out, one of my friends phoned me. He invited me to go with him to the swimming pool. He's going to meet his friends there. I'll return at about 6 o'clock for my tea.*
>
> *See you later,*
> *Martha*

2. Informal: use '**tu/ton**' to a friend.

> Cher Paul,
>
> Je suis passé chez **toi** mais **tu** es sorti. Je vais à la piscine avec des copains cet après-midi. Veux-**tu** nous rejoindre là-bas tout à l'heure, disons à 3 h ? On va au café après pour boire un café. Passe-moi un coup de fil, si **tu** veux.
>
> À plus tard,
> Louis

> *Dear Paul,*
>
> *I dropped into your place, but you were out. I'm going to the pool with some friends this afternoon. Do you want to join us there later, let's say 3 o'clock? We're going to the café afterwards for a coffee. Give me a call if you like.*
>
> *See you later,*
> *Louis*

Sample notes exercises
Fill in the gaps.
Exercise 1

> *Chère Suzanne,*
>
> *Merci … ton invitation … ta soirée de samedi. Je t'… ce mot pour te dire … je … peux … … , malheureusement. Je dois travailler … la soirée. Je … désolée.*
> *Patricia*

Exercise 2

Madame,
Je vous ... ce mot pour ... dire que je ... allé à la poste. J'... écrit une carte postale ... mes parents et je veux ... un timbre. Je ... de retour à 6 h pour ... dîner.
À tout ... l'heure.
Pierre

Exercise 3

Maman,
Juste un petit mot pour ... dire que je ... partie à ... piscine avec mes amies. J'ai ... mes devoirs et j'ai ... ma chambre. Je ... rentrer ... 5 h 15.
À tout ... l'heure,
Denise

Exercise 4

Chère Anne,
Nous ... passées chez toi mais il n'... avait personne. Nous ... au cinéma. On passe *Avatar*. Ça commence ... 8 h. Il ... 7 h. Si tu peux venir ... nous, nous ... rendez-vous ... 7 h 50 devant ... cinéma.
À bientôt,
Françoise

Exercise 5

Madame,
Pendant que je gardais vos enfants, ... sœur a téléphoné à 9 h. Elle ... dit qu'elle ne peut ... aller faire des courses avec vous demain. Elle ... malade. Elle ... la grippe et doit rester ... lit. Elle va vous rappeler demain.
Patricia

Exercise 6

Chers maman et papa,
Juste un ... mot ... vous dire qu'une amie à moi m'... passé un ... de fil. Elle m'... invité à une soirée chez elle. Il ... aura beaucoup ... choses à manger, donc je n'... pas mangé mon dîner. J'apporte ... disques. Je ... rentrer à minuit.
Bises,
Bernard

See solutions page 130.

Key words/phrases

Juste un petit mot pour te/vous dire   *Just a short note to tell you*
Je te/vous laisse ce mot   *I'm leaving you this note*
pendant ton/votre absence   *while you were out*
Il m'a passé un coup de fil/Il m'a téléphoné.   *He telephoned me.*
Veux-tu venir avec nous ?   *Will you/Do you want to come with us?*
Je vais retrouver mes amis.   *I'm going to meet my friends.*
Je serai de retour avant 6 h.   *I'll be back by 6 o'clock.*

More sample notes

1. You are staying with the Briand family in Lorient. A French teenager, Michel/Michelle, with whom you have become friendly, has invited you out. Leave a note for madame Briand to say:
   (i)   Michel/Michelle telephoned and invited you to a concert with a group of friends;
   (ii) you have gone there by bus;
   (iii) you will be back around 11 p.m.

> Madame,
>
> Juste un petit mot pour vous dire que Michelle m'a téléphoné et m'a invité(e) à aller à un concert avec elle et un groupe d'amis. J'y vais en bus. Je vais rentrer (or: Je rentrerai) vers onze heures ce soir.
>
> Bien à vous.

2. A French girl, Isabelle, is staying with your family as part of a school exchange. One Saturday morning, you have to go out before Isabelle gets up. Leave a note to tell her:
   (i)   you have gone to the swimming pool with your friends;
   (ii) you will be back before 1 p.m.;
   (iii) you are going to see a film in the afternoon and ask her if she would like to go as well.

> Chère Isabelle,
>
> Je te laisse ce mot pour te faire savoir que je suis allé(e) à la piscine avec mes copains. Je serai de retour avant une heure. Je vais voir un film cet après-midi. Veux-tu m'accompagner ? Si oui, appelle-moi sur mon portable.
>
> Amitiés.

3. You come to your French class one morning and you haven't done your homework.
    You decide to impress the teacher by writing a short note in French! Say:
       (i) you have not done your homework and you are sorry;
      (ii) you played a basketball match yesterday and it was late when you got home;
     (iii) you will do the homework this evening.

> Cher Professeur,
>
> Je n'ai pas fait mes devoirs pour aujourd'hui. Je m'excuse. J'ai
> participé à un match de basket hier et il était tard quand je suis
> rentré(e) chez moi. Je vais faire les devoirs ce soir.
>
> Bien à vous.

Exercises on notes

Exercise 1

You are staying with the Lacroche family in Nantes. A neighbour, Simon/Simone, with
whom you have become friends, has called and asked you to go to a party with him/her.
Leave a note for Mme Lacroche to say:
   (i) Simon/Simone called in and invited you to a party;
  (ii) you have washed the dishes;
 (iii) you'll be back before midnight.

Exercise 2

You're staying with your exchange partner's family in Rouen. While you are in the house,
you receive a phone call from your parents who are travelling to Paris but have stopped
in Rouen en route. They would like to see you for dinner. Leave a note for your hostess.
Tell her that:
   (i) your parents have just phoned;
  (ii) they're on their way to Paris and wish to see you;
 (iii) you will not be home for dinner as you are eating out with your parents.

Exercise 3

You are staying with your exchange partner Louis/Louise in Marseille. You have to go
out, but a friend of Louis/Louise calls in to return a CD they had borrowed. Leave a
note saying:
   (i) Céline called in to give back a CD she had borrowed (emprunter);
  (ii) you put the CD on top of the CD player;
 (iii) where you have gone and why.

See solutions page 130.

5. Useful phrases

Exercise: Translate the following sentences.

1. My name is John.
2. Her name is Yvonne.
3. I am 14 $^1/_2$ years old.
4. My brothers are 13 and 17 years old.
5. Suzanne is 12.

6. I am living in the country.
7. We live in Paris.
8. I am writing to you.
9. My father is a businessman.
10. My mother is a nurse.

11. I go to school in the village.
12. I go to the cinema every weekend.
13. At school I do eight subjects.
14. I am good at English.
15. You are weak at French.
16. He is hopeless at Maths. His favourite subjects are Art and History.

17. I am working well. My favourite subject is English.
18. They are working badly.
19. I've just received your letter.
20. I've just bought a computer.

21. I play chess.
22. We play soccer.
23. I'm going to see a film.
24. We're going to visit my uncle.
25. We're not going to leave now.

26. I'm arriving at 6 o'clock.
27. I'm not leaving at 8.30.
28. We're arriving by coach.
29. They're staying until Friday.
30. I'm enjoying myself in Cannes.

31. We're enjoying ourselves in Paris.
32. Here I am in England.
33. I am going out tonight.
34. I am setting off for Nice.
35. I went home.

36. She stayed in the hotel.
37. He and I left early.
38. I got on the bus. I took the train.
39. We got off the plane.
40. I went out into the garden.

41. Helen came into the sitting room.
42. My father got up at 7 a.m. this morning.
43. Have you read the book?
44. Have you seen the film?
45. Have you been to Ireland?
46. Do you like snails?

47. Do you read books?
48. Does she listen to rock'n'roll?
49. What's your favourite group? What's your favourite subject?
50. What do you like to do at weekends?

51. What do you like to read?
52. What is there to do in summer?
53. Why don't you like school?
54. When is your birthday?
55. When are you arriving?
56. I love sport (*express without using 'aimer' or 'adorer'*).

57. I'm dead keen on hurling.
58. There is a lot to do and see in the spring.
59. There were too many people in the hotel.
60. I have to go out now.

See solutions page 131–132.

Additional phrases

These are short phrases which would be **useful for letter/postcard/note writing**.

'Quel' exclamations

Quel dommage ! *What a shame!*

Quel beau temps ! *What lovely weather!*

Quelle chance ! *What luck!*

Quel mauvais temps ! *What awful weather!*

Quel beau pays ! *What a beautiful country!*

Quelle belle ville ! *What a beautiful city!*

Quelle délicieuse cuisine ! *What delicious food!*

'C'est' exclamations/expressions

C'est nul ! *It's lousy!*

C'est ennuyeux ! *It's boring!*

C'est casse-pieds ! *It's a pain!*

C'est affreux ! *It's awful!*

C'est chouette/formidable/génial ! *It's nice/fantastic/great!*

C'est drôle/amusant. *It's funny/fun.*

C'est intéressant. *It's interesting.*

C'est assez bon. *It's quite good.*

Other salutations and exclamations

Attention ! *Look out!*

Joyeux Noël ! *Happy Christmas!*

Salutations de Genève. *Greetings from Geneva.*

D'accord ! *OK!*

Félicitations ! *Congratulations!*

Miscellaneous phrases

de temps en temps *from time to time*

pas du tout *not at all*

c'est-à-dire *that is to say*

malgré *in spite of*

malheureusement *unfortunately*

au lieu de *instead of*

d'abord *first of all*

sans doute *probably*

ensuite *then, next*

à la fin de *at the end of*

sain et sauf *safe and sound*

à l'avenir *in the future*

en ce moment *at the moment*

peu à peu *little by little*

d'habitude *usually*

pendant quelque temps *for a while*

Put these in short sentences to help you both understand and remember them.

6. Checklist for the Written Expression section

Allow several minutes at the end of the exam to check your answers, particularly in the written section. This point cannot be emphasised strongly enough. We all make mistakes when writing in our mother tongue, English. So, why wouldn't we in French?

For your written work to be as good as it can be, use the following checklist:

1 Do my answers clearly answer the points in the question?

2 Are my verbs in the correct tenses?

3 Did I make sure that I wrote the right endings for the verbs?

REMEMBER:

- There is **never** a 't' at the end of a verb with 'je':
  je fais, je passe, je vais, je veux, j'espère.
  There is **never** an 's' at the end of a verb with 'il/elle/on':
  il fait, elle passe, il va, elle veut, il espère.

- Note the **only four verbs** that take '-ont' instead of '-ent' in the '**ils/elles**' forms:
  ils/elles vont (aller)   *they are going*
  ils/elles ont (avoir)   *they have*
  ils/elles sont (être)   *they are*
  ils/elles font (faire)   *they are doing*

- Be careful to use the appropriate **verb endings**.

  – Ma famille, notre équipe, tout le monde – '**il**' ending:
    Ma famille **part** faire du camping. *My family are going camping.*
    Notre équipe a bien joué. *Our team played well.*
    Tout le monde le **sait**. *Everyone knows.*

  – Mes amis et moi, ma famille et moi – '**nous**' ending:
    Mes amis et moi **voulons** partir. *My friends and I want to leave.*
    Ma famille et moi **allons** au cinéma. *My family and I are going to the cinema.*

  – Les gens, les Français, la plupart des… – '**ils**' ending:
    Les gens **aiment** leur pays. *The people love their country.*
    Les Français **sont** très sympa. *The French are very nice.*
    La plupart des maisons **sont** petites. *Most of the houses are small.*

4   Did I use the verbs 'avoir/être' correctly in the 'passé composé'?
j'ai rencontré   *I have met (I met)*
elle est allée   *she has gone (she went)*
il s'est dépêché   *he has hurried (he hurried)*

5   Are the articles correct? (le, la, l', les; un, une, des)
le garçon, la femme, l'hôtel, les parents, un cadeau, une voiture, des élèves

6   Do my adjectives agree in number and gender?
les vieilles maisons   *the old houses*
des histoires amusantes   *(some) funny stories*
mon pays   *my country*
sa sœur   *his/her sister*
notre famille   *our family*
nos amis   *our friends*
ce mot   *this note*
cet homme   *this man*
cette excuse   *this apology*
ces raisons   *these reasons*
toute la journée   *the whole day*
tous les problèmes   *all the problems*

7   What about my prepositions?
à l'école   *at/to school*
en France   *in/to France*
aux États-Unis   *in/to the United States*
au Royaume-Uni   *in/to the UK*
au cinéma   *at/to the cinema*
à la plage   *at/to the beach*
de Paris   *of/from Paris*
à Paul   *to Paul*

8   Did I put in the correct accents?
chère, j'espère, je suis allé, problème, à

7. Solutions to Written Expression exercises

Solutions to letter writing exercises

Exercise 1 : L'école

Dublin, le 10 mai

Cher Jean/Chère Jeanne,

Merci pour ta lettre, que j'ai reçue hier matin. Dans ta lettre, tu as parlé un peu de ton école. Je vais te décrire la mienne.

Mon école se trouve en banlieue. C'est un collège mixte avec environ cinq cents élèves. Nous devons porter un uniforme, un pantalon noir, un pull noir en V, une chemise **blanche** et une cravate **rayée** (*striped*). J'aime mon uniforme.

Mon emploi du temps est assez chargé (*full/heavy*). Notre journée est très **longue**. Nous avons neuf cours par jour. Ça ne me plaît pas (*I don't like it*).

J'étudie neuf matières. Je suis très fort en anglais, c'est ma matière **préférée**. Je suis un peu faible en maths. Je n'aime pas les maths. Je trouve le gaélique difficile.

Nos profs sont assez **sévères** mais sympa*. Ils sont aussi compréhensifs.

* 'Sympa' does not take a plural because it is an abbreviation of 'sympathique'.

Le règlement de notre école est assez strict. On doit respecter les profs. On doit bien se comporter tout le temps. Il est interdit de porter des baskets (*trainers*).

Dans notre école, il y a de **bonnes** installations **sportives**. On a (*one has = we have*) un gymnase, des terrains de sport et une piscine.

C'est tout pour l'instant. Au plaisir de te lire (*looking forward to hearing from you*).

Amitiés,
Eamonn

(environ 195 mots)

Exercise 2 : Un voyage en Irlande

Tallaght, le 22 mai

Chère Hélène,

Je t'écris **cette** lettre pour te faire savoir que tu vas habiter chez moi dans le cadre de l'échange. Maintenant, je me présente. Je m'appelle Susan. J'ai quinze ans.

J'ai tout organisé pour ton séjour. Ma famille et moi viendrons te chercher à l'aéroport jeudi 1er juin. J'espère que ton vol sera agréable.

Pour ce qui est de l'hébergement, tu auras ta propre chambre. Nous habitons une assez **grande** maison. C'est une **vieille** maison dans la banlieue de Dublin. C'est loin du centre-ville.

Est-ce que tu aimes la cuisine **irlandaise** ? Les Irlandais mangent beaucoup de viande, par exemple de l'agneau et du bœuf en ragoût. Nous mangeons aussi beaucoup de légumes, surtout des pommes de terre (et des frites, bien sûr), des **petits** pois et des carottes.

Pendant les vacances d'été, je me lève tard, mais toi, tu devras assister (*attend*) à des cours d'anglais à neuf heures **tous** les matins. On déjeune à une heure de l'après-midi, et on prend notre repas principal le soir.

Il y a beaucoup à faire et à voir en Irlande. On peut faire des randonnées dans les montagnes de Dublin. Nous irons faire les boutiques au centre-ville, ou ici, au centre commercial (*shopping centre*).

C'est tout pour l'instant. Écris-moi bientôt.

Bien à toi,
Susan

(environ 215 mots)

Exercise 3 : Une nouvelle maison

Mountrath, le 15 avril

Chère Véronique,

Ça va ? Je m'excuse de ne pas avoir écrit depuis février. Je vais t'expliquer. J'ai des nouvelles à t'annoncer.

Ma famille et moi avons déménagé à Mountrath, une **petite** ville. Nous nous sommes installés dans une **nouvelle** maison.

Pourquoi ? Parce que mon père a pris sa retraite et que ma mère ne veut plus habiter une **grande** ville.

Donc, nous avons acheté une maison à la campagne, à cinquante kilomètres d'une **grande** ville. À la campagne, l'air est plus sain.

La **nouvelle** maison me plaît tellement (*so much*) ! Je la préfère à notre **ancienne** (*former*) maison. C'est une maison **individuelle** (*detached*). Elle a trois pièces au rez-de-chaussée. Au premier étage, il y a quatre chambres et deux salles de bains. Nous avons aussi un grenier.

Les voisins sont **aimables**. Je me suis fait de **nouveaux** amis à l'école. J'aime aussi ma nouvelle école.

Dis bonjour à tes parents de ma part. Au plaisir de te lire.

Ton amie,
Claire

(environ 160 mots)

Solutions to further practice for letter writing

Exercise 1 : L'école

Carrick-on-Shannon, le 7 octobre

Cher Luc,

Salut ! Comment ça va ? Dans ta **dernière** lettre, que j'ai reçue la semaine dernière, tu m'as demandé de te parler de mon école. Alors voilà, dans mon école, il y a six cents élèves, des garçons et des filles. C'est une assez **grande** école, qui est située à cinq kilomètres du centre-ville. Je vais à l'école à pied tous les jours. Ça prend dix minutes. J'habite près de l'école. Elle s'appelle St. Declan's.

Je suis en cinquième. J'étudie neuf matières. Ma matière **favorite** est le gaélique. Je le parle presque couramment. Je suis fort en allemand aussi. Je me passionne pour les langues. Cependant, je suis faible en sciences et nul en maths.

Les cours commencent à neuf heures moins le quart et se terminent à seize heures. Nous avons une pause de quinze minutes à onze heures moins le quart. Notre pause pour le déjeuner est à treize heures. Elle dure une heure.

Il y a environ trente élèves dans chaque classe. Les profs sont **aimables** mais stricts. J'ai pas mal de bons amis dans mon école. Après seize heures, mes amis et moi jouons au foot. Quand je rentre chez moi, je fais mes devoirs.

Comment est l'école en France ? Combien de cours as-tu par jour ? Vas-tu à l'école le samedi ? Écris-moi bientôt et parle-moi de ton école.

Amitiés,
Paul

(environ 229 mots)

Exercise 2 : Les vacances

Nice, le 4 juillet

Chère Jeannette,

Salutations de Nice, où je passe mes vacances avec ma famille. Nous sommes ici depuis trois jours et nous restons une semaine. Nous sommes partis de Dublin dimanche et avons pris l'avion jusqu'à Paris. Ensuite, nous avons pris le train jusqu'à Nice. Le vol a été agréable et rapide, mais le trajet en train long et ennuyeux.

En tout cas, nous y voici et nous nous amusons bien. Le temps est superbe, il n'y a pas un nuage dans le ciel. Il fait si chaud ! Je me baigne dans la mer **chaude** tous les jours.

J'ai rencontré des jeunes de plusieurs pays **différents**. Ils sont très **gentils** et nous traînons beaucoup ensemble. Le soir, on va en boîte. C'est vraiment génial.

Nice est une ville extrêmement **chère**. Dans les **grands** magasins, les prix des vêtements sont très **élevés**. Je n'ai pas les moyens d'acheter des chemisiers et des jeans. C'est affreux.

Je m'amuse beaucoup. Où vas-tu en vacances d'habitude ? Il faut que tu viennes en Irlande un jour.

C'est tout pour l'instant. À bientôt !

Amitiés,
Claudine

(environ 187 mots)

Solutions to formal letter writing exercises

Exercise 1: Write a letter to a hotel in Brittany

Monsieur/Madame,

Je vous écris de la part de ma famille. Nous comptons passer une semaine dans le nord-ouest de la France. Nous voudrions séjourner dans votre hôtel pendant une semaine, du 8 au 15 août. Nous voudrions la pension complète. Nous sommes quatre : mon père, ma mère, mon frère et moi.

Pourriez-vous nous réserver une chambre double et une chambre à deux lits avec douche ? Veuillez nous indiquer le tarif de ce séjour.

Quelles installations avez-vous dans votre hôtel ? Avez-vous une piscine ? Est-ce qu'il y a des courts de tennis ?

Qu'est-ce qu'il y a à faire et à voir dans votre région ? Je vous serais reconnaissant de bien vouloir nous envoyer des renseignements sur la région.

Veuillez agréer, Monsieur/Madame, l'expression de nos sentiments distingués.

(environ 135 mots)

Exercise 2: Write a letter to a campsite in Normandy

Monsieur/Madame,

Mes amies et moi voudrions passer une semaine dans votre camping au mois de juin cet été. Nous sommes trois filles. Pourriez-vous nous réserver un emplacement pour une tente ? Nous comptons rester quatre nuits, du 3 au 7 juin.

Veuillez nous indiquer le tarif de ce séjour. Est-ce qu'il y a des douches et des toilettes dans le camping ? Avez-vous des magasins d'alimentation (*food shops*) ?

Est-ce qu'il y a des endroits intéressants à visiter en Normandie ? Peut-on aller voir des châteaux ? Je vous serais reconnaissante de bien vouloir nous envoyer des renseignements sur la Normandie le plus rapidement possible.

Dans l'attente de votre réponse, je vous prie d'agréer, Monsieur/Madame, l'expression de mes sentiments distingués.

(environ 120 mots)

Solutions to exercises on postcards

Exercise 1

> Mes chers parents,
> Salutations de Belgique ! Je loge dans un camping avec trois amis. Il fait très beau. Le soir, nous allons en boîte dans la ville. Nous comptons faire une excursion en France la semaine prochaine. Nous allons rentrer chez nous le mois prochain.

Exercise 2

> Cher Luc,
> Salutations de Nice, où je passe mes vacances avec mes parents. Nous sommes à l'hôtel pour une semaine. Le soir, je regarde la télé, et quelquefois je nage dans la piscine. Nous serons de retour vendredi douze juin.

Exercise 3

> Chère Michèle,
> Me voici dans les Alpes, où je fais du ski. Le trajet jusqu'aux Alpes a été assez agréable. Je loge dans une auberge de jeunesse. J'adore skier ici. Il y a des fêtes tous les soirs.

Exercise 4

> Cher Jacques,
> Salut ! Je passe quatre semaines en Normandie pour étudier le français. La traversée en ferry a été difficile. Les gens sont chaleureux et gentils. La campagne est très belle. Demain, j'ai l'intention de faire une excursion à Bayeux.

Exercise 5

(i) vacances	(viii) peut, du	(xv) arrivés
(ii) à, en	(ix) y a	(xvi) est
(iii) faisons du	(x) nourriture	(xvii) y a
(iv) partons, une	(xi) s'	(xviii) irons/allons
(v) est	(xii) sommes, les, sites	(xix) prendre
(vi) française	(xiii) fait	(xx) passé, à
(vii) est	(xiv) se, à, de	(xxi) toi

Solutions to cloze tests

Exercise 1. Me, à, en, chez, C'est, me, fait, m', je, prochaine, ferons, en, à, bientôt

Exercise 2. es, à, trouvé, temps, dans, de, moi, bien, suis, Pendant, faire, avec, à la, pour

Exercise 3. de, suis, dernière, pendant, semaines, sont, y, personnes, est, mange, du, fais

Exercise 4. de, la, sommes, d', C'est, avons, a, me, de, mes

Solutions to sample notes exercises

Exercise 1. pour, à, écris, que, ne, pas venir, toute, suis

Exercise 2. écris, vous, suis, ai, à, acheter, serai, le, à

Exercise 3. te, suis, la, fait/fini, rangé, vais, à/vers, à

Exercise 4. sommes, y, allons, à, est, avec, avons, à, le

Exercise 5. votre, a, pas, est, a, au

Exercise 6. petit, pour, a, coup, a, y, de, ai, des/quelques, vais

Solutions to exercises on notes

Exercise 1

> Madame,
> Je vous laisse ce mot pour vous dire que Simon est passé ici tout à l'heure. Il m'a invité à aller à une fête avec lui. J'ai fait la vaisselle. Je serai de retour avant minuit.
> À plus tard.

Exercise 2

> Madame,
> Je vous écris ce mot pour vous dire que mes parents m'ont téléphoné. Ils sont en route pour Paris, et sur le chemin, ils viennent de s'arrêter ici, à Rouen. Ils veulent me voir. Je ne serai pas là pour le dîner. Je dîne avec mes parents.
> À tout à l'heure.

Exercise 3

> Louise,
> Juste un petit mot pour te dire que ton amie Céline est passée chez toi. Elle m'a donné un CD qu'elle t'avait emprunté. J'ai mis le CD sur le lecteur CD dans le salon. Je pars en ville pour faire des courses.
> À tout à l'heure.

Solutions to useful phrases exercise

1. Je m'appelle John.
2. Elle s'appelle Yvonne.
3. J'ai quatorze ans et demi.
4. Mes frères ont treize et dix-sept ans.
5. Suzanne a douze ans.
6. J'habite à la campagne.
7. Nous habitons à Paris.
8. Je t'écris.
9. Mon père est homme d'affaires.
10. Ma mère est infirmière.

11. Je vais à l'école dans le village.
12. Je vais au cinéma tous les week-ends/chaque week-end.
13. À l'école, j'étudie huit matières.
14. Je suis bon(ne) en anglais.
15. Tu es/Vous êtes faible(s) en francais.
16. Il est nul en maths. Ses matières préférées sont le dessin et l'histoire.
17. Je travaille bien. Ma matière préférée est l'anglais.
18. Ils travaillent mal.
19. Je viens de recevoir ta/votre lettre.
20. Je viens d'acheter un ordinateur.

21. Je joue aux échecs.
22. Nous jouons au foot.
23. Je vais voir un film.
24. Nous allons rendre visite à mon oncle.
25. Nous n'allons pas partir maintenant.
26. J'arrive à six heures.
27. Je ne pars pas à huit heures et demie.
28. Nous arrivons en car.
29. Ils restent jusqu'à vendredi.
30. Je m'amuse bien à Cannes.

31. Nous nous amusons (On s'amuse) bien à Paris.
32. Me voici en Angleterre.
33. Je sors ce soir.
34. Je pars pour Nice.
35. Je suis rentré chez moi.
36. Elle est restée à l'hôtel.
37. Lui et moi sommes partis tôt.
38. Je suis monté dans le bus. J'ai pris le train.
39. Nous sommes descendus de l'avion.
40. Je suis sorti dans le jardin.

41. Helen est entrée dans le salon.
42. Mon père s'est levé à sept heures ce matin.
43. As-tu lu le livre ?
44. As-tu vu le film ?
45. Es-tu allé/venu en Irlande ?
46. Aimes-tu les escargots ?
47. Est-ce que tu lis des livres ?
48. Est-ce qu'elle écoute du rock'n'roll ?
49. Quel est ton groupe préféré ? Quelle est ta matière préférée ?
50. Qu'est-ce que tu aimes faire le week-end ?

51. Qu'est-ce que tu aimes lire ?
52. Qu'est-ce qu'il y a à faire pendant l'été ?
53. Pourquoi est-ce que tu n'aimes pas l'école ?
54. Quand tombe ton anniversaire ?
55. Quand est-ce que tu arrives ?
56. Le sport, ça me plaît.
57. Je me passionne pour le hurling.
58. Il y a beaucoup à faire et à voir au printemps.
59. Il y avait trop de gens dans l'hôtel.
60. Je dois sortir maintenant.

4 ⟩ Grammar

- To give you a greater understanding of the essential grammar needs of the course.
- To give you extensive practice (with solutions at the back of the book).
- To help you to achieve more self-reliance when it comes to writing your own sentences.

The difference between 'c'est' and 'il est'

These expressions have one thing in common – they can both mean 'it is'.

The problem is how to decide which one to use. There are some ground rules, but they are not all clear-cut.

- The use of **'c'est'**
  (a) This is generally used when 'it is' is **followed by a noun**:
      C'est un long voyage.   *It's a long journey.*
      C'est un Allemand.   *It's a German. (or 'He is a ...')*
      C'est ma mère.   *It's my mother.*
      C'est le patron !   *It's the boss!*
      Ce sont (*plural*) mes copines.   *They are my friends.*
      Note: C'est une Irlandaise.   *She/It is an Irish woman. (noun)*
      But: Elle est irlandaise.   *She is Irish. (adjective)*
  (b) When 'it is' is followed by an **adjective on its own**:
      C'est possible.   *It's possible.*
      C'est dommage.   *It's a pity.*
      C'est très intéressant.   *It's very interesting.*
      C'est un peu amusant.   *It's a bit funny.*
      C'était assez ennuyeux.   *It was quite boring.*
      C'est assez agréable.   *It's quite pleasant.*

- Uses of **'il est'** or **'elle est'** (*he/she is*)
  (a) When saying what one **does for a living**:
      Que fait ton père ? **Il est** électricien. *What does your father do? He's an electrician.*
      Elle est médecin. *She's a doctor.*

(b) Giving the **time of day**:

Il est trois heures et quart.   *It's 3.15.*

(c) Compare also:

C'est un garçon sympa. / **Il est** sympa.

C'est une fille intelligente. / **Elle est** intelligente.

(d) When we are **not** speaking about a **specific thing**, we use '**c'est**':

Regardez ! Les lacs, les rivières, les montagnes ! Ah, **c'est** joli. *Look ! The lakes, the rivers, the mountains! Ah, it's lovely.*

Exercise 1. Remplacez les pointillés par 'c'est/il est' :

  (i)   Où est ma montre ? ... dans le tiroir.

 (ii)   Quelle est cette ville ? ... Rouen.

(iii)   Quelle heure est-il ? ... deux heures cinq.

 (iv)   Quel jour sommes-nous ? ... vendredi.

  (v)   Qui est-ce ? ... le directeur de l'école.

 (vi)   De quelle couleur est ton costume ? ... gris.

(vii)   Qu'est-ce que c'est ? ... un ordinateur.

Exercise 2. Traduisez les phrases suivantes :

  (i)   He's my uncle.

 (ii)   It's half past ten in the morning.

(iii)   She's a young Spanish girl.

 (iv)   I made a mistake. It's awful.

  (v)   It's Monday today.

 (vi)   It was a pleasant journey.

(vii)   He's a mechanic.

See solutions page 158.

Which? / What? (with a noun) – 'Quel ?'

- 'Quel' is used to ask a question; it is like an adjective and therefore agrees with the noun:

  Quel est ton compositeur favori ? (masc. sing.)

  C'est Beethoven.

  Quelle est ton équipe préférée ? (fem. sing.)

  C'est Everton.

  Quels livres aimes-tu lire ? (masc. pl.)

  J'aime lire des romans policiers.

  Quelles matières préférez-vous ? (fem. pl.)

  Je préfère le gaélique, les maths et l'informatique.

  Also: Quel temps fait-il ? Quelle heure est-il ?

- It can also be used as an **exclamation**: 'What a ...!'

  Quel dommage !   *What a pity!*

Quel fainéant !   *What an idler!*
Quel veinard !   *What a lucky thing (you are)!*
Quelle bêtise !   *What a stupid thing (to do)!*

	Singular	Plural
Masculine	Quel	Quels
Feminine	Quelle	Quelles

Exercise 3. Practice – translate :

(i) What a game! Brilliant!
(ii) What time is it?
(iii) Which team do you like?
(iv) What is your favourite book?
(v) Which bottle of wine do you want?
(vi) What a pity! It's raining!
(vii) What luck! We won!
(viii) What's your address?
(ix) What films do you like?
(x) Which train leaves at 6.30?

See solutions page 158.

Prepositions

Meaning 'in', 'to' and 'from' a country or a town.

Les pays

- Most country names have **genders** – they're either masculine or feminine.
- Most start with 'le, la, l', les':
   le Portugal
   la Suisse
   l'Allemagne
   les États-Unis
   les Pays-Bas

   Note: Most countries which end in '-e' are feminine, e.g. l'Italie, la Belgique, la Suède.

- Prepositions meaning '**to**' or '**in**':
   Before a country which is masculine – '**au**'.
   Before a country which is feminine – '**en**'.

   Je vais **au** Canada.   *I am going to Canada.*
   Il est **au** Pays de Galles.   *He's in Wales.*

Tu vas **en** France.   *You're going to France.*

Nous séjournons **en** Espagne.   *We're staying in Spain.*

Je suis allé **aux** États-Unis.   *I went to the US.*

- Prepositions meaning '**from**':
  If the country is masculine, 'from' = '**du**';
  if it is feminine, 'from' = '**de**':
  Je viens **du** Japon.   *I come from Japan.* (masc. sing.)
  Il est arrivé **des** États-Unis.   *He arrived from the US.* (masc. pl.)
  Nous partons **d'**Écosse.   *We're leaving Scotland.* (fem. sing.)

Les villes

- Prepositions meaning '**to**' or '**in**':
  For towns, 'to' and 'in' are translated as '**à**':
  Je vais **à** Berlin.   *I'm going to Berlin.*
  Me voici **à** Paris.   *Here I am in Paris.*
  Note: Where the town has '**le**' in its name:
  On va **au** Havre/**au** Mans.   *We're going to Le Havre/Le Mans.*

- Prepositions meaning '**from**':
  'From' is always translated by '**de**' in the case of towns:
  Elle est partie **de** Cork en train.   *She left Cork by train.*
  Nous sommes rentrés **de** Bordeaux.   *We came back from Bordeaux.*

Exercise 4: Translate

   (i) Here I am in Brittany.
  (ii) I arrived in Grenoble last Monday.
 (iii) I hope to go to Italy this summer.
  (iv) I spent a fortnight in Spain with my parents.
   (v) I want to go to Belgium at Christmas.
  (vi) My parents went to America at Easter.
 (vii) Will you come to London with me?
(viii) She left (*partir de*) Lille last week.

See solutions page 158.

The present tense

- It is absolutely essential that this tense is known thoroughly. Try speaking or writing in a foreign language without the present tense!
- Don't just learn verbs off by heart (though this has its uses); try to find patterns within the verbs. Then practise them.

- The present tense concerns what you 'do' or 'are doing'.

- In French, there are **three** types of **regular** verbs. You will know them by their endings: **'-er'**, **'-ir'** or **'-re'**.

- Be careful not to fall into the trap of assuming that you should use two verbs to translate phrases such as 'I am finishing', 'he is listening' or 'we are returning'. There are **two ways** of expressing the **English present tense**, but there is only **one way in the French present tense**: je finis, il écoute, nous revenons.

> **key point**
>
> Remember, when we talk about **'regular'** verbs, we mean those verbs that have a definite and **common pattern**.

The **three types of regular verbs** are now illustrated with examples:

- The '**-er**' verb: there are 4000 of these verbs. So if you know one, you'll know them all.

    écouter (*to listen*) (infinitive)

    j'écoute *I listen / am listening*
    tu écoutes *you listen / are listening*
    il/elle écoute *he/she listens / is listening*
    nous écoutons *we listen / are listening*
    vous écoutez *you listen / are listening*
    ils/elles écoutent *they listen / are listening*

To form it, you take off the '-er' ending and add the endings:
-e, -es, -e, -ons, -ez, -ent.

- The '**-ir**' verb: also a very common verb.

    finir (*to finish*) (infinitive)

    je finis *I finish / am finishing*
    tu finis *you finish / are finishing*
    il/elle finit *he/she finishes / is finishing*
    nous finissons *we finish / are finishing*
    vous finissez *you finish / are finishing*
    ils/elles finissent *they finish / are finishing*

To form it, you take '-ir' off the infinitive and add the endings:
-is, -is, -it, -issons, -issez, -issent.

- Finally, the '-re' verb.

  attendre (*to wait*) (infinitive)

  j'attends   *I wait / am waiting*
  tu attends   *you wait / are waiting*
  il/elle attend   *he/she waits / is waiting*
  nous attend**ons** *we wait / are waiting*
  vous attend**ez** *you wait / are waiting*
  ils/elles attend**ent**   *they wait / are waiting*

  To form it, take the '-re' off the infinitive and add the endings:
  -s, -s, –, -ons, -ez, -ent.

To help with learning these verbs, note the following:

- In every verb (except 'tu peux' and 'tu veux') in the language, and in every tense, the **verb ending with 'tu' is always '-s'**: tu attends, tu finis, tu écoutes.

- In every verb and tense, including **irregular** verbs, there is **never an '-s' ending** for 'il/elle': il vend, elle étudie, il va, elle fait, il dit, elle choisit.

- Notice that in two cases out of three, **'je' and 'tu' have the same verb ending!** This also happens a lot with **irregular** verbs:

	finir	perdre	dire	faire	vouloir	écrire	venir	devoir
je	finis	perds	dis	fais	veux	écris	viens	dois
tu	finis	perds	dis	fais	veux	écris	viens	dois

- **'Nous'** always has '**-ons**' as its ending.
  Exception: nous sommes (*we are*).

- **'Vous'** always has '**-ez**' as its ending.
  Exceptions: vous êtes (*you are*), vous dites (*you say*), vous faites (*you do*).

- **'Ils/elles'** always has the '**-ent**' ending.
  Exceptions: ils sont (*they are*), ils font (*they do*), ils ont (*they have*), ils vont (*they go*).

- Be aware of some '-er' verbs which change their **stems**, not their endings.
  In verbs ending in '-ger' and '-cer', the 'nous' form changes: nous voyageons en Italie, nous commençons la partie.

  Exception: In the following cases the changes **do not** happen in the 'nous/vous' forms:

	jeter (*to throw*)	espérer (*to hope*)	acheter (*to buy*)
je	jette	espère	achète
tu	jettes	espères	achètes
il/elle	jette	espère	achète
nous	jetons	espérons	achetons
vous	jetez	espérez	achetez
ils/elles	jettent	espèrent	achètent

Exercise 5

(a) Fill in the missing parts of these regular verbs:

	jouer	passer	choisir	finir	vendre	attendre
je	joue		choisis			attends
tu		passes		finis	vends	
il/elle		passe	choisit			attend
nous	jouons				vendons	attendons
vous	jouez		choisissez		vendez	
ils/elles		passent		finissent		

(b) Fill in the missing parts of these irregular verbs:

	être	aller	faire	vouloir	prendre	pouvoir
je		vais		veux		peux
tu	es		fais	veux	prends	
il/elle		va				peut
nous	sommes	allons		voulons		
vous					prenez	pouvez
ils/elles			font			

See solution pages 158–159.

The negative

To say that you **do not** or **are not doing** something, simply put '**ne**' before the verb and '**pas**' after it:

> Nous **ne** jouons **pas** au golf.   *We are not playing golf.*
>
> Je **ne** regarde **pas** la télé.   *I don't watch the TV.*

Exercise 6

Put the following verbs into the **present tense**:

(i)   Je (*passer*) mon brevet en juin.

(ii) Il (*jeter*) des pierres.

(iii) J'(*acheter*) des timbres.

(iv) Paul et Simon (*perdre*) leur match.

(v)   Combien est-ce que tu (*gagner*) ?

(vi) Estelle (*faire*) ses devoirs.

(vii) Ciaran ne (*dire*) pas la vérité.

(viii) Je (*aller*) en vacances.

(ix) (*Vouloir*)-tu venir chez moi ?

(x)   Non, je ne (*pouvoir*) pas venir.

Exercise 7

Translate:

(i)   I am playing tennis this evening.

(ii) My parents and I are staying in a big hotel.

(iii) I choose (*choisir*) Spain for holidays.

(iv) Jeanne and her sister are watching television.

(v)   We like football.

(vi) My family and I are buying a computer.

(vii) We play a match every week.

(viii) They lose every week.

(ix) I give them flowers for their birthdays.

(x)   Our journey ends today.

PREPOSITIONS

A preposition illustrates the 'position' of a noun, e.g. 'with, in, for, at, in front of, behind, beside', etc. There is a small group of very common French verbs which drop the preposition used in English. These are:

demander (*to ask for*): J'ai demandé l'heure. *I asked for the time.*

chercher (*to look for*): Il cherche une chambre d'hôte. *He is looking for a B&B.*

payer (*to pay for*): Ma mère paye les billets. *My mother is paying for the tickets.*

regarder (*to look at*): Ses amis regardent la maison. *His friends are looking at the house.*

écouter (*to listen to*): Elle écoute ses disques. *She's listening to her CDs.*

Exercise 8

Traduisez :

(i)   I am looking for my passport.

(ii)   My family and I are travelling tonight.

(iii) She is not studying Spanish.

(iv)   We are travelling today.

(v)   I hope that you are well.

(vi)   My friend is called Jeannette.

(vii) We don't eat Italian food.

(viii) Michael is paying for the meal.

(ix)   We hope to go to Madrid.

(x)   This road leads to the woods.

(xi)   You are waiting for the train?

(xii) I don't throw paper in the street.

See solutions page 159.

Verbs with infinitives

- The second verb is put in the **infinitive** when translating 'to do something':

  Il veut se repos**er**. *He wants to rest.* (English infinitive)

  Nous allons écri**re** une lettre. *We're going to write a letter.*

  Paul voudrait deven**ir** architecte. *Paul would like to become an architect.*

  Marie doit part**ir**. *Marie has to leave.*

  Tu veux ven**ir** chez moi cet été ? *Do you want to come to my place this summer?*

- The most **common verbs** that **take infinitives** (without 'à' or 'de') are:

  aller (*to go*): Je vais rentr**er** pour le dîner. *I'm going to return for dinner.*

  devoir (*to have to*): Je dois prendre le train. *I have to get (take) the train.*

  espérer (*to hope*): J'espère gagn**er** cent euros. *I hope to win 100 euros.*

  falloir (*to be necessary*) – this has only one form, 'il faut': Il faut apporter un parapluie. *It is necessary to (You must) bring an umbrella.*

  pouvoir (*can/to be able*): Nous pouvons rest**er** ici. *We can stay here.*

  préférer (*to prefer*): Nous préférons nag**er**. *We prefer to swim.*

  vouloir (*to want/wish*): Je veux écrire un mot. *I want to write a note.*

Exercise 9

Translate:

- (i) I want to visit (*rendre visite à*) my cousins.
- (ii) My parents intend to buy a new car.
- (iii) My family and I wish to stay at home this summer.
- (iv) I have to work hard this term.
- (v) I am going to sit my Junior Cert next June.
- (vi) We are hoping to arrive on Friday.
- (vii) Paul doesn't want to study tonight.
- (viii) I hope to see you on Thursday.
- (ix) I prefer to go for a cycle.
- (x) He doesn't have to mind his little sister today.

See solutions page 160.

Adjectives

- An **adjective** is a word which **describes a noun** (person, place or thing). It includes all colours and words like 'big, small, nice, friendly, awful, slow, sudden, patient, clean, lovely, new', etc.

- When an adjective describes a noun it must become like the noun, i.e. it must become masculine, feminine or plural. This doesn't happen in English, which can make the student forget to **make the adjectives agree with the noun**.

Examples of normal adjectives and how they change:

Adjective	Masc. Sing.	Fem. Sing.	Masc. Plural	Fem. Plural
big, tall	grand	grande	grands	grandes
black	noir	noire	noirs	noires
funny	amusant	amusante	amusants	amusantes

E.g. un grand garçon, une grande fille
une voiture noire, des voitures noires

- There are, of course, **exceptions** that must be learned and practised. Such adjectives end in '-er', '-if', '-x' (note the **feminine forms**):

Adjective	Masc. Sing.	Fem. Sing.	Masc. Plural	Fem. Plural
dear	cher	chère	chers	chères
sporty	sportif	sportive	sportifs	sportives
jealous	jaloux	jalouse	jaloux	jalouses

- The **three most exceptional** adjectives are also very useful ones for the written section (note the masculine singular form **before a vowel**):

Adjective	Masc. Sing.	Masc. Sing. before vowel	Fem. Sing.	Masc. Plural	Fem. Plural
beautiful	beau	bel	belle	beaux	belles
new	nouveau	nouvel	nouvelle	nouveaux	nouvelles
old	vieux	vieil	vieille	vieux	vieilles

E.g. un vieil ami, de nouvelles maisons
la belle fille, les vieux romans

- There are a number of adjectives which end in '-en/-on':

Adjective	Masc. Sing.	Fem. Sing.	Masc. Plural	Fem. Plural
cute	mignon	mignonne	mignons	mignonnes
good	bon	bonne	bons	bonnes
average	moyen	moyenne	moyens	moyennes

- Finally, there are some adjectives that fall outside the above patterns:

Adjective	Masc. Sing.	Fem. Sing.	Masc. Plural	Fem. Plural
white	blanc	blanche	blancs	blanches
dry	sec	sèche	secs	sèches
long	long	longue	longs	longues
fresh	frais	fraîche	frais	fraîches
kind	gentil	gentille	gentils	gentilles

E.g. du vin sec, la Maison Blanche

ta gentille lettre, de longues jambes

- Most adjectives come **after the noun** (opposite to English).

une voiture **rouge**   (a red car) (same with all colours!)

la plage **dorée**   (the golden beach)

une journée **ensoleillée**   (a sunny day)

une actrice **célèbre**   (a famous actress)

un séjour **agréable**   (a pleasant holiday)

un ciel **couvert**   (an overcast sky)

- However, some of the most common adjectives in use come **before the noun**. These include:

petit (small), bon (good), mauvais (bad), joli (pretty), gentil (nice), beau (beautiful), nouveau (new), vieux (old), long (long), court (short).

C'est un **bon** élève.   He's a good pupil.

C'est une **mauvaise** voiture.   It's a bad car.

C'est un **petit** repas.   It's a small meal.

Exercise 10

Here is a list of useful adjectives for the written section of the exam paper. As an exercise, translate these phrases into English:

(i)   ma propre chambre

(ii)   une chambre propre

(iii)   un vieux château

(iv)   une maison vide

(v)   une langue étrangère

(vi)   des prix très élevés

(vii)   un film passionnant

(viii)   une rue étroite

(ix)   un voyage fatigant

(x)   une histoire drôle

(xi)   Elle était seule.

(xii)   un garçon sportif

(xiii)   la gentille lettre

(xiv)   une fille sympa

(xv)   L'examen était dur.

(xvi)   une histoire vraie

See solutions page 160.

Exercise 11

Translate:

(i) a good team
(ii) an old woman
(iii) everyone
(iv) a young girl
(v) a beautiful house
(vi) an old garden
(vii) a new passport
(viii) a funny film
(ix) long holidays
(x) a red scarf
(xi) the blue sky
(xii) an old friend

(xiii) my yellow bike
(xiv) a wide street
(xv) pretty red roses
(xvi) our classmates
(xvii) their family
(xviii) your *(fam.)* brothers
(xix) my mother
(xx) nice people
(xxi) He has brown eyes.
(xxii) She has long hair.
(xxiii) They're having a pleasant stay.
(xxiv) He has a grey beard.

See solutions page 160.

It is hard to write a letter, note or postcard without using adjectives to describe people, places, countryside, food or buildings.

When studying exam papers, try to note the use of adjectives, and learn some examples such as: We saw some old churches (*Nous avons vu de **vieilles** églises*).

Adverbs

These **accompany verbs**, just like adjectives accompany nouns (e.g. 'a **large** room', 'a **red** car').

Adverbs in English usually have '**-ly**' at the end of the word, e.g. 'I ran **quickly**. She read **carefully**. I'll go **immediately**.'

How do I create an adverb in French?

- If the adjective **ends in a vowel**, just add '**-ment**':
  Il parle poliment. C'est absolument vrai.

- If the adjective **ends in a consonant** (not a vowel), add '**-ment**' to the **feminine form**:
  (mal)heureux – (mal)heureusement (*happily*)
  actif – activement (*actively*)
  léger – légèrement (*slightly*)

- It is vital to note the following major **exceptions**:

  Il travaille **bien**.   *He works well.* (adv. from adj. 'bon')

  La voiture marche **mal**. (adv. from adj. 'mauvais')   *The car works badly/doesn't work well.*

  C'est vrai, il ne mange pas **beaucoup**. Il mange **peu**.   *It's true, he doesn't eat much. He eats a little.*

  Note: vite (*quickly*) ◆▸ J'ai couru vite.

          lentement (*slowly*) ◆▸ Il écrit lentement.

Exercise 12

Translate the following sentences. Take care: **not** all these sentences contain adverbs.

  (**i**)   Our team plays well.
 (**ii**)   The crossing was quick.
(**iii**)   Leave (*vous*) quickly.
(**iv**)   I always eat slowly.
 (**v**)   They played well.
(**vi**)   Fortunately, I got the train.
(**vii**)   It was a really good film.

 (**viii**) She is sick.
   (**ix**) He writes badly.
    (**x**) He was slightly injured in the accident.
   (**xi**) Unfortunately, I didn't do well in the exam.
  (**xii**) I slept badly.

See solutions page 161.

The future tense ('will')

This is a relatively easy tense to form, but it has many exceptions. It simply translates the idea that you **will** do something in the future.

- To form it, you **add** the **endings** of the verb **'avoir'** to the **infinitive**:

  (a) '-er' verbs: **manger** (infinitive) – je mangerai (*I will eat*)

  (b) '-ir' verbs: **finir** – je finirai (*I will finish*)

  (c) '-re' verbs: **vendre** – je vendrai (*I will sell*) (Note that the final '-e' is dropped.)

- The **endings are the same** for **all** verbs, both **regular** and **irregular**:

Regular verbs			Irregular verb (être)
je mangerai	finirai	vendrai	serai
tu mangeras	finiras	vendras	seras
il/elle mangera	finira	vendra	sera
nous mangerons	finirons	vendrons	serons
vous mangerez	finirez	vendrez	serez
ils/elles mangeront	finiront	vendront	seront

- The following are the main exceptions in the future tense:

  être – je **serai** (*I will be*)

  avoir – j'**aurai** (*I will have*)

  aller – j'**irai** (*I will go*)

  envoyer – j'**enverrai** (*I will send*)

  devoir – je **devrai** (*I will have to*)

  falloir – il **faudra** (*it will be necessary*)

  pleuvoir – il **pleuvra** (*it will rain*)

  faire – je **ferai** (*I will do*)

  pouvoir – je **pourrai** (*I will able/I may*)

  venir – je **viendrai** (*I will come*)

  voir – je **verrai** (*I will see*)

  recevoir – je **recevrai** (*I will get*)

- Note that **all the stems** of verbs in the future tense finish with the letter(s) **'-r(r)'** before adding '-ai', '-as', '-a', etc.

Exercise 13

Translate:

(i) I will return at 5.30.
(ii) We will be late.
(iii) The children will see their uncle.
(iv) I will have the time.
(v) The letter will arrive tomorrow.
(vi) It'll rain this afternoon.
(vii) You'll have to work hard.
(viii) I shall send the postcard this evening.

Exercise 14

To practise the future tense, fill in the gaps in the table:

	être	pouvoir	avoir	faire	aller	devoir	voir
je/j'	serai			ferai		devrai	
tu		pourras			iras		
il/elle/on			aura			devra	verra
nous	serons				irons		
vous			aurez				verrez
ils/elles		pourront		feront			

See solutions page 161.

'Aller' + infinitive ('going to do something')

This is an **alternative** to using the future tense form ('I will'). There are two ways of expressing your intention for the future. You can say:

(a) **that you will do something;**
(b) **that you are going to do something.**

- In (a) you use the **normal future tense** form:

  Je me **lèverai** à 7 h. *I'll get up at 7 o'clock.*

  Les enfants **partiront** en vacances. *The children will go on holidays.*

  Mon père **prendra** sa retraite. *My father will retire (will take his retirement).*

- In (b) you use the **present tense of 'aller' plus the infinitive**, i.e. 'to do something':

  Je **vais** me lever à 7 h. *I'm going to get up at 7 o'clock.*

  Les enfants **vont** partir en vacances. *The children are going to go on holiday.*

  Mon père **va** prendre sa retraite. *My father is going to retire.*

This form is known as the **near future** or 'futur proche'.

Exercise 15

(a) Change the future tense into 'aller' + infinitive:
   (i) J'achèterai des timbres à la poste.
   (ii) Ses amis feront une promenade en vélo.
   (iii) Je donnerai un livre à Michel.
   (iv) Il pleuvra demain.
   (v) Nous serons fatigués ce soir.

(b) Now change these sentences into the future tense:
   (i) Nous allons retourner à l'école.
   (ii) On va partir en Allemagne.
   (iii) Il va neiger bientôt.
   (iv) Je vais prendre un café.
   (v) Jean-Marc et sa femme vont acheter une maison.

(c) Put these sentences into French:
   (i) We are going to catch fish this morning.
   (ii) You (*Tu*) are going to read the novel.
   (iii) I am going to leave soon.
   (iv) Are we going to go home?
   (v) Are you (*vous*) going to say 'hello'?

> The **negative** in the near future is formed by setting **'ne'** and **'pas'** around the form of the verb **'aller'**:
>
> Je **ne** vais **pas** discuter.   *I am not going to argue.*
> Paul **ne** va **pas** rester longtemps.   *Paul isn't going to stay long.*

Exercise 15

(d) Translate:

    (i) I'm not going to go to work today.
    (ii) My friends and I aren't going to leave now.
    (iii) We're not going to travel to Germany.
    (iv) Mum and Dad are not going to do any cooking today.
    (v) The journey isn't going to last *(durer)* long.

See solutions pages 161–162.

> From 1998–2010, the **future tense** was required on **eight occasions** in the **letter question**.
> It frequently referred to **activities you are planning to do** next week or next year, e.g. going to stay with someone or going on a trip.
> In the postcard/note question, a very common point you were asked to make was **when you will be returning home.**

The 'passé composé' (Perfect tense)

This tense expresses what **has happened** or what someone **has done** in the past. It refers to a completed action.

It is principally used in conversation, letters, newspapers, television and radio reports.

For Junior Cert purposes, it is a **vital** tense in **letter/postcard/note writing** since you are often asked to describe what you 'have done' recently.

In English, we say: 'I **walked** on the beach this morning.'
However, the French say the equivalent of: 'I **have walked** on the beach this morning.'

Hence, the 'passé composé', which is **composed** of two parts:

    1. the present tense of 'avoir' (and sometimes 'être');
    2. the past participle of the verb.

The past participle

Don't be put off by this difficult term; it just means words like 'done, gone, walked, asked, listened, chosen', etc. Past participles come from their **infinitives**. To form these words in French is slightly complicated:

- In '-er' verbs: '-er' becomes '-é'.
  J'ai **donné** un cadeau à Marie.   *I gave/have given a present to Marie.*

- In '-ir' verbs: '-ir' becomes '-i'.
  Pierre a **choisi** le cadeau pour Anne.   *Pierre chose/has chosen the present for Anne.*

- In '-re' verbs: '-re' becomes '-u'.
  Nos voisins ont **vendu** leur voiture.   *Our neighbours sold/have sold their car.*

Now combine the two elements of the 'passé composé' – **avoir** + **past participle**:

marcher   *(to walk)*

J'**ai marché** sur la plage.   *I walked on the beach.*
Tu **as marché** sur la plage.   *You walked on the beach.*
Il/Elle **a marché** sur la plage.   *He/She walked on the beach.*
Nous **avons marché** sur la plage.   *We walked on the beach.*
Vous **avez marché** sur la plage.   *You walked on the beach.*
Ils/Elles **ont marché** sur la plage.   *They walked on the beach.*

Note: The past participle 'marché' doesn't change its spelling to agree with the subject of the verb.

To summarise **present** and **past tenses**:

Now (Present tense)

J'**attends** le train.   *I'm waiting for the train.*
Il **travaille** au bureau.   *He works at the office.*
Nous **mangeons** des carottes.   *We're eating carrots.*
Vous **cherchez** une maison.   *You are looking for a house.*

Then (Past tense)

J'**ai attendu** le train.   *I waited for the train.*
Il **a travaillé** au bureau.   *He worked at the office.*
Nous **avons mangé** des carottes.   *We ate/have eaten carrots.*
Vous **avez cherché** une maison.   *You have been looking for a house.*

As usual, there are **exceptions** among past participles; there is no real pattern to these – they just have to be learned!

Think 'I have ...' before each of the following verbs:

connaître – **connu** *(known)*   ouvrir – **ouvert** *(opened)*
lire – **lu** *(read)*   dire – **dit** *(said)*
faire – **fait** *(done)*   écrire – **écrit** *(written)*
vouloir – **voulu** *(wanted)*   boire – **bu** *(drunk)*
devoir – **dû** *(had to)*   être – **été** *(been)*
pouvoir – **pu** *(been able)*   mettre – **mis** *(put)*
voir – **vu** *(seen)*   prendre – **pris** *(taken)*
recevoir – **reçu** *(received/got)*   avoir – **eu** *(had)*
savoir – **su** *(known)*

Note: The verbs which end in '-oir' often change to '-u':
J'ai vu le match à la télé.   *I saw the match on television.*
Hélène a reçu la lettre.   *Hélène got the letter.*

key point

The best way of learning the 'passé composé' is as follows:

- Learn the past participles in **meaningful sentences** like those above. It may suit some people to learn the list by heart. That's also useful, but **sentences** can leave an **impression** on the memory.

- It is hard to beat practising by **doing exercises**. This makes you look up the answer and write it down – a good way of remembering things!

Exercise 16

(a) Put the following into French (using 'avoir'):
   (i) I have
   (ii) Paul has
   (iii) She has
   (iv) The people have
   (v) You (*sing.*) have
   (vi) Eamonn and I have

(b) Put the following sentences into French:
   (i) I have eaten a cake.
   (ii) Marie has written a letter.
   (iii) Jeanne and Marc have studied here.
   (iv) You have lost a watch.
   (v) The children have read the book.
   (vi) Ireland has played against (*contre*) Italy.
   (vii) I have seen my friends.

    (viii)　We have chosen a gift.

    (ix)　I have had an accident.

    (x)　My family and I have visited Lyon.

(c)　Now translate these sentences, which contain the common English past tense form 'I have done/I did':

    (i)　I did my homework.

    (ii)　I drank some milk.

    (iii)　She put on her jumper.

    (iv)　My family and I found a hotel.

    (v)　Seán prepared lunch.

    (vi)　Luc and his brothers finished their match.

    (vii)　Anne, you told the truth.

    (viii)　I got your letter.

    (ix)　He was able to go.

    (x)　Who took the sandwich?

See solutions page 162.

key point

There is a tendency among students to drop 'avoir' and just write or say 'j'écouté' for *I listened*. Just because 'écouté' translates as 'listened', this does not mean that 'I listened' = 'j'écouté' – this is absolutely wrong!

Does 'je choisi' mean 'I chose'? In fact it means 'I chosen'. So remember to use 'avoir' to form the 'passé composé' in these verbs:

    J'ai écouté.　*I listened.*

    J'ai choisi.　*I chose.*

Exercise 17

Complete the following grid with the correct past tenses ('passé composé') of the verbs:

	lire	avoir	perdre	devoir	voir
j'	ai lu				
tu		as eu			
il/elle				a dû	
nous	avons lu		avons perdu		
vous					avez vu
ils/elles		ont eu			

See solutions page 163.

'Être' with the 'passé composé'

On certain occasions, 'être' is used instead of 'avoir' to form the 'passé composé':

- With the **13 verbs of movement**. These 13 verbs are all concerned with movement of some kind. The full list is:

  entrer – sortir
  aller – venir*
  mourir* – naître*
  monter – descendre – tomber
  arriver – rester – partir – retourner

  *Note the **exceptional past participles** of these three verbs:
  venir – Elle est **venue** me voir. *She came to see me.*
  mourir – Il est **mort** hier. *He died yesterday.*
  naître – Il est **né** en 1980. *He was born in 1980.*

  One method of learning these 13 verbs is to use a **mnemonic** system, i.e. take the **initial letters** of each of the 13 verbs and make up a word or words using them. Remember the word(s), and you recall the verbs. In this case try **'Mr Damp's Tavern'**:

  Monter, Rester, Descendre, Aller, Mourir, Partir, Sortir, Tomber, Arriver, Venir, Entrer, Retourner, Naître.

- There is a **14th verb of movement** which goes unnoticed because it usually takes 'avoir'. The verb is **'passer'**, and it is very useful in the written section:

  Elle a passé une semaine ici. *She spent one week here.*

  Elle **est** passée chez Marc. *She dropped round to Marc's house.*

- **Important note:** When you look at the following example of a verb taking 'être' in the past tense, you will notice one major difference between this and a verb taking 'avoir', i.e. the **past participle behaves as an adjective** and so must **agree** with the **subject** (i.e. masculine, feminine, plural, etc.).

  naître *(to be born)*

  je **suis** né(e) *I was born*
  tu **es** né(e) *you were born*
  il **est** né *he was born*
  elle **est** née *she was born*
  nous **sommes** né(e)s *we were born*
  vous **êtes** né(e)s *you were born*
  ils **sont** nés *they were born*
  elles **sont** nées *they were born*

Exercise 18

Translate:

    (i) He has left the school.
   (ii) My mother has come into the room.
  (iii) Léa has fallen from a tree.
  (iv) I have come back from holidays.

(v) My friends and I have arrived in Venice.

(vi) Dad has gone out early this morning.

(vii) Their car has broken down (*tomber en panne*).

(viii) We have gone to the beach.

(ix) The children were born ten years ago.

(x) My aunt has died.

Exercise 19

Complete the following grid with the correct past tense ('passé composé') of these verbs:

	aller	rester	partir	venir
je	suis allé(e)			
tu		es resté(e)		
il				
elle			est partie	
nous				
vous	êtes allé(e)(s)			
ils				
elles				sont venues

See solutions page 163.

- **All reflexive verbs use 'être' (e.g. s'amuser, se lever) in the 'passé composé':**

  se laver   (*to wash oneself*)

  je me **suis** lavé(e)   *I washed (myself)*
  tu t'**es** lavé(e)   *you washed (yourself)*
  il s'**est** lavé   *he washed (himself)*
  elle s'**est** lavée   *she washed (herself)*
  nous nous **sommes** lavé(e)s   *we washed (ourselves)*
  vous vous **êtes** lavé(e)(s)   *you washed (yourself/yourselves)*
  ils se **sont** lavés   *they washed (themselves)*
  elles se **sont** lavées   *they washed (themselves)*

The negative form in the 'passé composé'

- If you need to say that you 'did **not** do something' in the past use 'ne' and 'pas'/'rien'/'jamais' around the 'avoir' or 'être' form of the verb:

  Nous n'avons **pas** vu les Alpes.   *We didn't see the Alps.*

  Je n'ai **rien** fait hier.   *I didn't do anything yesterday.*

  Je **ne** me suis **pas** amusé.   *I didn't enjoy myself.*

  Je **ne** suis **jamais** allé en France.   *I have never been to France.*

  Nous **ne** sommes **pas** restés trop longtemps.   *We didn't stay too long.*

  Ils **ne** se sont **pas** amusés.   *They didn't have a good time.*

- The point to remember is to keep the **past participle after the negative**:

  Je n'ai pas **écrit** la lettre. *I didn't write (haven't written) the letter.*

  Michel n'a rien **dit**. *Michael said nothing.*

  Les hommes ne sont jamais **allés** au théâtre. *The men never went (have never gone) to the theatre.*

  Jeanne ne s'est pas **levée** tôt. *Jeanne didn't get up early.*

  Exception:

  Je n'ai **vu** personne. *I saw nobody (I haven't seen anyone).*

  Nous n'avons **entendu** personne. *We heard nobody (we haven't heard anyone).*

Asking questions

There is a difficult and an easy way to form questions.

- The **difficult** way: turn the **subject** and **verb** around.

Il a mangé son dîner.	➔ **A-t-il** mangé son dîner ?
He ate his dinner.	*Did he eat his dinner?*

  (Note the use of 't' to separate vowels.)

Vous êtes allé(e)(s) en France.	➔ **Êtes-vous** allé(e)(s) en France ?
You went to France.	*Did you go to France?*

Elle s'est levée à 7 h.	➔ **S'est-elle** levée à 7 h ?
She got up at 7 o'clock.	*Did she get up at 7 o'clock?*

- The **easy** way: definitely easier! Just place **'Est-ce que'** in front of **the subject of any sentence** – and it becomes a question.

  Est-ce qu'il a mangé son dîner ? *Did he eat his dinner?*

  Est-ce que vous êtes allé(e)(s) en France ? *Did you go to France?*

  Est-ce qu'elle s'est levée à 7 h ? *Did she get up at 7 o'clock?*

Exercise 20

(a) Translate the common English past tense (i.e. 'I went') into the French 'passé composé' ('I have gone'):

(i) I went to school.

(ii) You (*Vous*) stayed here last week.

(iii) Laura came into the kitchen.

(iv) We got into (*monter*) the car.

(v) She came back to Ireland.

(vi) My family and I went down to the beach.

(vii) We got up late this morning.

(viii) The man fell off (*tomber de*) his bike.
 (ix) I apologised.
  (x) They (fem.) went to bed at 11p.m.

(b) Translate:
   (i) I bought a camera.
  (ii) We didn't see the film.
 (iii) Paul didn't read the book.
 (iv) Did you get my postcard?
  (v) Did Suzanne do her homework?
 (vi) My friend and I went out at 6 o'clock this evening.
(vii) I wrote a letter to my parents.
(viii) Has he finished his work?
 (ix) Jeanne wasn't born in Paris.
  (x) We never went to Spain.
 (xi) We didn't do anything for a week.
(xii) I never saw the Mona Lisa.
(xiii) I haven't been sick.
(xiv) My family and I didn't leave before 10 o'clock.

(c) Match up the French past participles with the English ones:

(i) fait		(a) born
(ii) né		(b) died
(iii) reçu		(c) seen
(iv) eu		(d) said
(v) été		(e) known
(vi) pris		(f) had
(vii) su		(g) got
(viii) mort		(h) been
(ix) vu		(i) gone
(x) dit		(j) understood
(xi) allé		(k) taken
(xii) compris		(l) done

See solutions pages 163–164.

From 1997–2010, the **past tense** was required in the **letter** question **every year**, and in no fewer than **15 points** covered in the questions.

The **most common** points related to:

- a holiday spent in another country;
- a journey home;
- what you most liked about a holiday;
- a visit to the cinema;
- clothes purchased;
- how you spent your birthday.

In the **postcard** question, the most common points asked were:

- when you arrived;
- what you did while on holiday.

In the **note** question, the most frequently covered points were:

- someone phoned or called at the door;
- saying that you went out somewhere.

The conditional ('would')

Once you know the future tense, the conditional tense is the easiest to form. You already use: 'je voudrais' *(I'd like)*.

- **To form the conditional:**

  (a) take the stem of **any** verb in the **future** tense (having removed the endings '-ai', '-as', '-a', etc.);

  (b) add the endings of the **imperfect** tense: -ais, -ais, -ait, -ions, -iez, -aient.

  Thus:

je donner-	je finir-	je vendr-	je ser-
je donnerais	je finirais	je vendrais	je serais
(I would give)	*(I would finish)*	*(I would sell)*	*(I would be)*

  être *(to be)*

je serais	*I would (I'd) be*
tu serais	*you would be*
il/elle serait	*he/she would be*
nous serions	*we would be*
vous seriez	*you would be*
ils/elles seraient	*they would be*

- **Use of the conditional:**

  As in English, you use it whenever you want to say 'I would (I'd) do something' (implying a possible intention).

  Que **voudriez**-vous faire ce soir ?   *What would you like to do tonight?*

  Je **voudrais** voir un film.   *I'd like to see a film.*

  Pourriez-vous me dire l'heure, s'il vous plaît ?   *Could you (i.e. Would you be able to) tell me the time, please?*

  Aimeriez-vous venir avec nous ?   *Would you like to come with us?*

  Je **voudrais** devenir médecin.   *I'd like to become a doctor.*

Note: This is the same tense as 'Modh Coinníollach' in Irish.

Almost exclusively used in the **letter** to say what you **would like to do next week/next year:**

Je **voudrais** visiter le Louvre.   *I'd like to visit the Louvre.*

J'**aimerais** voir les châteaux.   *I'd like to see the castles.*

Nous **voudrions** aller à la plage.   *We'd like to go to the beach.*

Or, at a higher level:

Ça me **ferait** grand plaisir de faire des promenades en bateau.   *I'd really love to go on boat trips. (Literally: It would give me great pleasure to …)*

Solutions to Grammar exercises

Exercise 1: C'est/Il est (page 134)

(i) Elle est

(ii) C'est

(iii) Il est

(iv) C'est

(v) C'est

(vi) Il est

(vii) C'est

Exercise 2: C'est/Il est (page 134)

(i) C'est mon oncle.

(ii) Il est dix heures et demie du matin.

(iii) C'est une jeune Espagnole.

(iv) J'ai fait une erreur. C'est affreux.

(v) C'est lundi aujourd'hui.

(vi) C'était un voyage agréable.

(vii) Il est mécanicien.

Exercise 3: Which?/What? (page 135)

(i) Quelle partie ! Génial !

(ii) Quelle heure est-il ?

(iii) Quelle équipe aimes-tu/aimez-vous ?

(iv) Quel est ton/votre livre préféré ?

(v) Quelle bouteille de vin désirez-vous/désires-tu ?

(vi) Quel dommage ! Il pleut !

(vii) Quelle chance ! Nous avons gagné !

(viii) Quelle est ton/votre adresse ?

(ix) Quels films aimes-tu/aimez-vous ?

(x) Quel train part à 6 h 30 ?

Exercise 4: Prepositions (page 136)

(i) Me voici en Bretagne.

(ii) Je suis arrivé(e) à Grenoble lundi dernier.

(iii) J'espère aller en Italie cet été.

(iv) J'ai passé quinze jours en Espagne avec mes parents.

(v) Je veux aller en Belgique à Noël.

(vi) Mes parents sont allés aux États-Unis à Pâques.

(vii) Veux-tu venir à Londres avec moi ?

(viii) Elle est partie de Lille la semaine dernière.

Exercise 5 (page 139)

(a) Regular Verbs

	jouer	passer	choisir	finir	vendre	attendre
je	joue	passe	choisis	finis	vends	attends
tu	joues	passes	choisis	finis	vends	attends
il/elle	joue	passe	choisit	finit	vend	attend
nous	jouons	passons	choisissons	finissons	vendons	attendons
vous	jouez	passez	choisissez	finissez	vendez	attendez
ils/elles	jouent	passent	choisissent	finissent	vendent	attendent

(b) Irregular Verbs

	être	aller	faire	vouloir	prendre	pouvoir	avoir
je	suis	vais	fais	veux	prends	peux	ai
tu	es	vas	fais	veux	prends	peux	as
il/elle	est	va	fait	veut	prend	peut	a
nous	sommes	allons	faisons	voulons	prenons	pouvons	avons
vous	êtes	allez	faites	voulez	prenez	pouvez	avez
ils/elles	sont	vont	font	veulent	prennent	peuvent	ont

Exercise 6: Present Tense (page 140)

(i) passe
(ii) jette
(iii) achète
(iv) perdent
(v) gagnes
(vi) fait
(vii) dit
(viii) vais
(ix) Veux
(x) peux

Exercise 7: Present Tense (page 140)

(i) Je joue au tennis ce soir.
(ii) Mes parents et moi logeons dans un grand hôtel.
(iii) Je choisis l'Espagne pour les vacances.
(iv) Jeanne et sa sœur regardent la télévision.
(v) Nous aimons le foot.
(vi) Ma famille et moi achetons un ordinateur.
(vii) Nous faisons un match chaque semaine.
(viii) Ils perdent toutes les semaines.
(ix) Je leur offre des fleurs pour leur anniversaire.
(x) Notre voyage se termine aujourd'hui.

Exercise 8: Present Tense (page 140)

(i) Je cherche mon passeport.
(ii) Ma famille et moi voyageons ce soir.
(iii) Elle n'étudie pas l'espagnol.
(iv) Nous voyageons aujourd'hui.
(v) J'espère que tu vas bien.
(vi) Ma copine s'appelle Jeannette.
(vii) Nous ne mangeons pas de cuisine italienne.
(viii) Michael paie (*or* 'paye') le repas.
(ix) Nous espérons aller à Madrid.
(x) Cette route mène aux bois.
(xi) Tu attends le train?
(xii) Je ne jette pas de papier dans la rue.

Exercise 9: Infinitives (page 141)

    (i) Je veux rendre visite à mes cousins.
    (ii) Mes parents ont l'intention d'acheter une nouvelle voiture.
    (iii) Ma famille et moi voulons rester chez nous cet été.
    (iv) Je dois travailler dur ce trimestre.
    (v) Je vais passer mon brevet en juin prochain.
    (vi) Nous espérons arriver vendredi.
    (vii) Paul ne veut pas étudier ce soir.
    (viii) J'espère te voir jeudi.
    (ix) Je préfère faire une promenade en vélo.
    (x) Il ne doit pas garder sa petite sœur aujourd'hui.

Exercise 10: Adjectives (page 143)

    (i) my own room
    (ii) a clean room
    (iii) an old castle
    (iv) an empty house
    (v) a foreign language
    (vi) very high prices
    (vii) an exciting film
    (viii) a narrow street
    (ix) a tiring journey
    (x) a funny story
    (xi) She was alone.
    (xii) a sporty boy
    (xiii) the nice letter
    (xiv) a nice girl
    (xv) The exam was hard.
    (xvi) a true story

Exercise 11: Adjectives (page 144)

    (i) une bonne équipe
    (ii) une vieille femme
    (iii) tout le monde
    (iv) une jeune fille
    (v) une belle maison
    (vi) un vieux jardin
    (vii) un nouveau passeport
    (viii) un film amusant
    (ix) de longues vacances
    (x) une écharpe rouge
    (xi) le ciel bleu
    (xii) un vieil ami

    (xiii) mon vélo jaune
    (xiv) une rue large
    (xv) de jolies roses rouges
    (xvi) nos camarades de classe
    (xvii) leur famille
    (xviii) tes frères
    (xix) ma mère
    (xx) des gens sympathiques
    (xxi) Il a les yeux marron.
    (xxii) Elle a les cheveux longs.
    (xxiii) Ils passent un séjour agréable.
    (xxiv) Il a une barbe grise.

Exercise 12: Adverbs (page 145)

   (i)   Notre équipe joue bien.
   (ii)   La traversée a été rapide.
   (iii)   Partez vite.
   (iv)   Je mange toujours lentement.
   (v)   Ils ont bien joué.
   (vi)   Heureusement, j'ai eu le train.
   (vii)   C'était un très bon film.
   (viii)   Elle est malade.
   (ix)   Il écrit mal.
   (x)   Il a été légèrement blessé lors de l'accident.
   (xi)   Malheureusement, je n'ai pas bien réussi l'examen.
   (xii)   J'ai mal dormi.

Exercise 13: Future Tense (page 146)

   (i)   Je reviendrai à cinq heures et demie.
   (ii)   Nous serons en retard.
   (iii)   Les enfants verront leur oncle.
   (iv)   J'aurai le temps.
   (v)   La lettre arrivera demain.
   (vi)   Il pleuvra cet après-midi.
   (vii)   Tu devras travailler dur.
   (viii)   J'enverrai la carte postale ce soir.

Exercise 14: Future Tense (page 146)

	être	pouvoir	avoir	faire	aller	devoir	voir
je/j'	serai	pourrai	aurai	ferai	irai	devrai	verrai
tu	seras	pourras	auras	feras	iras	devras	verras
il/elle/on	sera	pourra	aura	fera	ira	devra	verra
nous	serons	pourrons	aurons	ferons	irons	devrons	verrons
vous	serez	pourrez	aurez	ferez	irez	devrez	verrez
ils/elles	seront	pourront	auront	feront	iront	devront	verront

Exercise 15 (page 147–148)

(a) Near Future
   (i)   Je vais acheter des timbres à la poste.
   (ii)   Ses amis vont faire une promenade en vélo.
   (iii)   Je vais donner un livre à Michel.
   (iv)   Il va pleuvoir demain.
   (v)   Nous allons être fatigués ce soir.

(b) Future Tense
   (i)   Nous retournerons à l'école.
   (ii)   On partira en Allemagne.
   (iii)   Il neigera bientôt.

   (iv) Je prendrai un café.

   (v) Jean-Marc et sa femme achèteront (*note the accent 'è'*) une maison.

(c) Near Future

   (i) Nous allons attraper des poissons ce matin.

   (ii) Tu vas lire le roman.

  (iii) Je vais bientôt partir.

  (iv) Est-ce que nous allons rentrer chez nous ?

   (v) Est-ce que vous allez dire « bonjour » ?

(d) Negative Future

   (i) Je ne vais pas aller au travail aujourd'hui.

   (ii) Mes amis et moi n'allons pas partir maintenant.

  (iii) Nous n'allons pas nous rendre en Allemagne.

  (iv) Maman et papa ne vont pas faire la cuisine aujourd'hui.

   (v) Le trajet/Le voyage ne va pas durer longtemps.

Exercise 16 (pages 150–151)

(a) Practice of 'Avoir'

   (i) J'ai

   (ii) Paul a

  (iii) Elle a

  (iv) Les gens ont/On a

   (v) Tu as

  (vi) Eamonn et moi avons

(b) 'Passé Composé' with 'Avoir'

   (i) J'ai mangé un gâteau.

   (ii) Marie a écrit une lettre.

  (iii) Jeanne et Marc ont étudié ici.

  (iv) Tu as/Vous avez perdu une montre.

   (v) Les enfants ont lu le livre.

  (vi) L'Irlande a joué contre l'Italie.

  (vii) J'ai vu mes amis.

 (viii) Nous avons choisi un cadeau.

  (ix) J'ai eu un accident.

   (x) Ma famille et moi avons visité Lyon.

(c) 'Passé Composé' with 'Avoir'

   (i) J'ai fait mes devoirs.

   (ii) J'ai bu du lait.

  (iii) Elle a mis son pull.

  (iv) Ma famille et moi avons trouvé un hôtel.

   (v) Seán a préparé le déjeuner.

  (vi) Luc et ses frères ont fini leur match.

  (vii) Anne, tu as dit la vérité.

 (viii) J'ai reçu ta lettre.

  (ix) Il a pu y aller.

   (x) Qui a pris le sandwich ?

Exercise 17: 'Passé Composé' with 'Avoir' (page 151)

	lire	avoir	perdre	devoir	voir
j'	ai lu	ai eu	ai perdu	ai dû	ai vu
tu	as lu	as eu	as perdu	as dû	as vu
il/elle	a lu	a eu	a perdu	a dû	a vu
nous	avons lu	avons eu	avons perdu	avons dû	avons vu
vous	avez lu	avez eu	avez perdu	avez dû	avez vu
ils/elles	ont lu	ont eu	ont perdu	ont dû	ont vu

Exercise 18: 'Passé Composé' with 'Être' (page 152)

(i) Il est parti de l'école.
(ii) Ma mère est entrée dans la pièce.
(iii) Léa est tombée d'un arbre.
(iv) Je suis rentré(e) de vacances.
(v) Mes ami(e)s et moi sommes arrivé(e)s à Venise.
(vi) Papa est sorti tôt ce matin.
(vii) Leur voiture est tombée en panne.
(viii) Nous sommes allé(e)s à la plage.
(ix) Les enfants sont nés il y a dix ans.
(x) Ma tante est morte.

Exercise 19: 'Passé Composé' with 'Être' (page 153)

	aller	rester	partir	venir
je	suis allé(e)	suis resté(e)	suis parti(e)	suis venu(e)
tu	es allé(e)	es resté(e)	es parti(e)	es venu(e)
il	est allé	est resté	est parti	est venu
elle	est allée	est restée	est partie	est venue
nous	sommes allé(e)s	sommes resté(e)s	sommes parti(e)s	sommes venu(e)s
vous	êtes allé(e)(s)	êtes resté(e)(s)	êtes parti(e)(s)	êtes venu(e)(s)
ils	sont allés	sont restés	sont partis	sont venus
elles	sont allées	sont restées	sont parties	sont venues

Exercise 20 (page 154–155)

(a) 'Passé Composé' with 'Être'
(i) Je suis allé(e) à l'école.
(ii) Vous êtes resté(e)(s) ici la semaine dernière.
(iii) Laura est entrée dans la cuisine.
(iv) Nous sommes monté(e)s dans la voiture.

(v)   Elle est revenue en Irlande.
(vi)   Ma famille et moi sommes descendus à la plage.
(vii)   Nous nous sommes levé(e)s tard ce matin.
(viii)   L'homme est tombé de son vélo.
(ix)   Je me suis excusé(e).
(x)   Elles se sont couchées à vingt-trois heures.

(b) 'Passé Composé'
(i)   J'ai acheté un appareil photo.
(ii)   Nous n'avons pas vu le film.
(iii)   Paul n'a pas lu le livre.
(iv)   As-tu reçu ma carte postale ?
(v)   Est-ce que Suzanne a fait ses devoirs ?
(vi)   Mon ami(e) et moi sommes sorti(e)s à six heures ce soir.
(vii)   J'ai écrit une lettre à mes parents.
(viii)   A-t-il fini son travail ?
(ix)   Jeanne n'est pas née à Paris.
(x)   Nous ne sommes jamais allé(e)s en Espagne.
(xi)   Nous n'avons rien fait pendant une semaine.
(xii)   Je n'ai jamais vu la Joconde.
(xiii)   Je n'ai pas été malade.
(xiv)   Ma famille et moi ne sommes pas partis avant dix heures.

(c) Past Participles

(i) fait	↔	(l)	done
(ii) né	↔	(a)	born
(iii) reçu	↔	(g)	got
(iv) eu	↔	(f)	had
(v) été	↔	(h)	been
(vi) pris	↔	(k)	taken
(vii) su	↔	(e)	known
(viii) mort	↔	(b)	died
(ix) vu	↔	(c)	seen
(x) dit	↔	(d)	said
(xi) allé	↔	(i)	gone
(xii) compris	↔	(j)	understood

5 Listening Transcripts

Sample listening comprehension transcripts

Section A

Track 42

A1

Cliente :	Bonjour, monsieur, j'ai pris des coups de soleil. Avez-vous quelque chose pour ça ?
Pharmacien :	Oui, alors, je peux vous donner cette crème après-soleil. Il faut rester chez vous pendant trois jours.
Cliente :	Merci. En plus, j'ai mal à la gorge.
Pharmacien :	Il vous faut un bon sirop. Prenez une cuillère après chaque repas. Autre chose ?
Cliente :	Non, monsieur. Ça fait combien ?
Pharmacien :	Ça fait onze euros vingt-deux. Merci. Au revoir.

Track 43

A2

Jean :	Allô. Jean à l'appareil.
Barbara :	Ah, Jean. C'est Barbara. Dis, Jean, je vais à une fête ce soir et j'apporte de la musique. Puis-je emprunter quelques CD ? Je les retournerai demain. Je promets.
Jean :	Oh, Barbara. Je t'ai prêté des CD le mois dernier que tu ne m'as pas encore retournés ! Je suis désolé, mais je ne veux pas.

Track 44

A3

Louis :	Maman, je sors. Je serai de retour dans trente minutes.
Maman :	Où vas-tu, Louis ?
Louis :	Je vais à la Maison de la Culture rejoindre mes amis.
Maman :	Ne sois pas en retard. Ton dîner sera prêt à six heures. Ton père et moi allons sortir ce soir. Tu vas garder ta petite sœur.
Louis :	Ne t'inquiète pas, maman. J'espère retourner à cinq heures et demie. À plus tard.

Section B

Track 45

B1 : Sandrine

Bonjour. Je m'appelle Sandrine. J'ai quinze ans et demi. Je suis née le vingt octobre mille neuf cent quatre-vingts. J'ai les yeux bruns et les cheveux noirs et bouclés. J'habite près de Liège en Belgique. Je suis fille unique, mais je ne suis pas gâtée. Je suis généreuse et sympa. Mon père est fonctionnaire et ma mère est mère de famille.

Pour m'amuser, je tricote et j'aime la lecture ; mais mon passe-temps préféré est la peinture. Après l'école, je voudrais être infirmière.

Track 46

B2 : Henri

Je me présente. Je m'appelle Henri. J'habite à Lille, une grande ville industrielle dans le nord-est de la France. J'ai dix-sept ans. Mon anniversaire est le trois juin. J'ai un frère et trois sœurs. Je suis l'aîné de la famille. Mon père travaille comme ingénieur et ma mère est prof d'anglais.

J'ai les yeux marron et les cheveux bruns et courts. Mon passe-temps préféré est la natation. Je nage tous les deux jours à la piscine. Je joue aussi au foot et je fais du ski nautique. J'espère devenir médecin à l'avenir.

Section C

Track 47

C1

- Allô ! Restaurant La Baule. J'écoute.
- Allô ! Je voudrais réserver une table pour quatre personnes pour vendredi soir.
- Certes. C'est à quel nom, Madame ?
- C'est au nom de Noiret. J'épelle : N-O-I-R-E-T.
- Bon. Alors, une table pour quatre, vendredi soir au nom de Noiret. Merci, madame. Au revoir.

Track 48

C2

- Monsieur l'agent. On m'a volé mon sac à main.
- Où est-ce que cela s'est passé ?
- Ça s'est passé dans la gare, il y a quelques minutes.
- Voulez-vous décrire votre sac, Madame ?
- Oui. Il est tout neuf et brun, en cuir et assez grand.
- Bon, madame, allons à la gare. Peut-être qu'on l'a rendu aux objets trouvés.

Track 49

C3

- Pardon, monsieur, pour aller au syndicat d'initiative, s'il vous plaît ?
- Pas de problème, monsieur. Allez tout droit. Prenez la deuxième rue à gauche. C'est en face de la mairie.
- Merci. Alors, tout droit. Deuxième rue à gauche. En face de la mairie.
- Oui, monsieur. C'est ça.

Track 50

C4

- Monsieur. Le train pour Caen part à quelle heure ?
- Il part à quinze heures trente, madame. C'est-à-dire dans quarante minutes.
- De quel quai est-ce qu'il part ?
- Du quai numéro cinq.
- Il arrive à quelle heure à Caen ?
- Il arrive à vingt heures dix.

Track 51

C5

- J'aime l'ambiance ici, chérie.
- Oui, moi aussi. Un collègue m'a recommandé. Qu'est-ce que tu prends pour commencer ?
- Je prends l'œuf mayonnaise. Pour suivre, j'aimerais l'agneau avec des légumes. Et toi ?
- Je préfère commencer avec le saumon fumé. Comme plat principal, je voudrais le steak-frites. Monsieur, s'il vous plaît?

Section D

Track 52

D1

Anne : Salut, Paul ! Je ne t'ai pas vu depuis quelques semaines. Quoi de neuf ?
Paul : Salut, Anne. Eh bien, tu sais, ça va assez mal.
Anne : Mais pourquoi ? Qu'est-ce qu'il y a ?
Paul : Je viens de perdre mon boulot à la pâtisserie. Le patron m'a licencié.

D2

Anne : Oh, pauvre Paul ! Qu'est-ce qui s'est passé ? As-tu des problèmes avec le patron ?
Paul : Non. Ce n'est pas ça. On s'entendait très bien. Ce n'est pas sa faute. J'y travaillais depuis huit semaines. C'est la crise économique. Il n'y a pas assez de clients. Le patron ne pouvait pas me payer. C'est tout. Et toi, as-tu des nouvelles ?

D3

Anne : Oui, bien sûr. Samedi prochain, le onze, j'aurai seize ans. Je vais faire une fête. Ça te dit de venir ? Ça va remonter ton moral, peut-être. Il te faut t'amuser. Ça va te changer les idées.

D4

Paul : Oui, je veux bien. Il faut me décontracter. Mais attends. Je me rappelle que mon oncle et sa famille arriveront à l'aéroport samedi après-midi et mes parents vont le chercher. Ensuite, ce soir-là, nous allons sortir ensemble pour dîner. Je ne suis pas sûr si je peux aller à ta fête. Je vais demander la permission à mes parents. Je te téléphonerai plus tard ce soir.

D5

Anne : Bien entendu. J'espère que tu pourras venir chez moi. Tous nos amis seront là, et aussi Lorraine. Tu la connais. Elle est ma nouvelle voisine. Elle est très gentille.

Paul : Alors, quel est ton numéro de portable ?

Anne : C'est le 06 92 77 73 23.

Paul : Je le note : 06 92 77 73 23. Bien. Je te donnerai un coup de fil pour te dire si j'ai la permission d'aller à ta fête.

Section E

E1

 *Track 53*

Hier soir, un accident a eu lieu au centre-ville entre une moto et un camion. La moto s'approchait des feux, qui étaient au vert. Le motocycliste avait la priorité. Soudain, un camion est sorti d'une petite rue et a heurté la moto. Le motocycliste s'est cassé la jambe.

E2

Track 54

Le Premier ministre de l'Allemagne est arrivé au Japon ce matin. La visite durera six jours. L'objectif de la visite est de discuter le commerce entre les deux pays.

E3

Track 55

À Croke Park, hier soir, l'Irlande jouait un match du Championnat de l'Europe contre la Belgique. Le match a fait nul, 2 à 2.

E4

Track 56

Lors d'un hold-up à la Banque Nationale de Paris à Marseille, deux voleurs masqués ont essayé de s'enfuir avec trois cent mille euros. La police a attrapé les voleurs dans la rue.

E5

Track 57

La météo : voici la météo pour aujourd'hui, le quinze avril. Pendant le matin, il pleuvra avec des vents modérés. Plus tard, dans l'après-midi, il y aura des éclaircies.

Regular verbs

Infinitif	Présent	Passé composé	Imparfait	Futur simple
donner *(to give)*	je donne tu donnes il/elle/on donne nous donnons vous donnez ils/elles donnent	j'ai donné tu as donné il/elle/on a donné nous avons donné vous avez donné ils/elles ont donné	je donnais tu donnais il/elle/on donnait nous donnions vous donniez ils/elles donnaient	je donnerai tu donneras il/elle/on donnera nous donnerons vous donnerez ils/elles donneront

Infinitif	Présent	Passé composé	Imparfait	Futur simple
choisir *(to choose)*	je choisis tu choisis il/elle/on choisit nous choisissons vous choisissez ils/elles choisissent	j'ai choisi tu as choisi il/elle/on a choisi nous avons choisi vous avez choisi ils/elles ont choisi	je choisissais tu choisissais il/elle/on choisissait nous choisissions vous choisissiez ils/elles choisissaient	je choisirai tu choisiras il/elle/on choisira nous choisirons vous choisirez ils/elles choisiront

Infinitif	Présent	Passé composé	Imparfait	Futur simple
vendre *(to sell)*	je vends tu vends il/elle/on vend nous vendons vous vendez ils/elles vendent	j'ai vendu tu as vendu il/elle/on a vendu nous avons vendu vous avez vendu ils/elles ont vendu	je vendais tu vendais il/elle/on vendait nous vendions vous vendiez ils/elles vendaient	je vendrai tu vendras il/elle/on vendra nous vendrons vous vendrez ils/elles vendront

Infinitif	Présent	Passé composé	Imparfait	Futur simple
acheter* *(to buy)*	j'achète tu achètes il/elle/on achète nous achetons vous achetez ils/elles achètent	j'ai acheté tu as acheté il/elle/on a acheté nous avons acheté vous avez acheté ils/elles ont acheté	j'achetais tu achetais il/elle/on achetait nous achetions vous achetiez ils/elles achetaient	j'achèterai tu achèteras il/elle/on achètera nous achèterons vous achèterez ils/elles achèteront

Infinitif	Présent	Passé composé	Imparfait	Futur simple
mener* *(to lead)*	je mène tu mènes il/elle/on mène nous menons vous menez ils/elles mènent	j'ai mené tu as mené il/elle/on a mené nous avons mené vous avez mené ils/elles ont mené	je menais tu menais il/elle/on menait nous menions vous meniez ils/elles menaient	je mènerai tu mèneras il/elle/on mènera nous mènerons vous mènerez ils/elles mèneront

* 'Acheter' and 'mener' are examples of '-er' verbs that are only slightly irregular. They are irregular in the 'je', 'il/elle/on' and 'ils/elles' forms of the present tense. The future is also irregular as we see in these two examples. Note: These changes don't occur in the past tenses.

Irregular verbs

Infinitif	Présent	Passé composé	Imparfait	Futur simple
aller (to go)	je vais	je suis allé(e)	j'allais	j'irai
	tu vas	tu es allé(e)	tu allais	tu iras
	il/elle/on va	il/elle/on est allé(e)	il/elle/on allait	il/elle/on ira
	nous allons	nous sommes allé(e)s	nous allions	nous irons
	vous allez	vous êtes allé(e)(s)	vous alliez	vous irez
	ils/elles vont	ils/elles sont allé(e)s	ils/elles allaient	ils/elles iront

Infinitif	Présent	Passé composé	Imparfait	Futur simple
avoir (to have)	j'ai	j'ai eu	j'avais	j'aurai
	tu as	tu as eu	tu avais	tu auras
	il/elle/on a	il/elle/on a eu	il/elle/on avait	il/elle/on aura
	nous avons	nous avons eu	nous avions	nous aurons
	vous avez	vous avez eu	vous aviez	vous aurez
	ils/elles ont	ils/elles ont eu	ils/elles avaient	ils/elles auront

Infinitif	Présent	Passé composé	Imparfait	Futur simple
boire (to drink)	je bois	j'ai bu	je buvais	je boirai
	tu bois	tu as bu	tu buvais	tu boiras
	il/elle/on boit	il/elle/on a bu	il/elle/on buvait	il/elle/on boira
	nous buvons	nous avons bu	nous buvions	nous boirons
	vous buvez	vous avez bu	vous buviez	vous boirez
	ils/elles boivent	ils/elles ont bu	ils/elles buvaient	ils/elles boiront

Infinitif	Présent	Passé composé	Imparfait	Futur simple
croire (to believe, to think)	je crois	j'ai cru	je croyais	je croirai
	tu crois	tu as cru	tu croyais	tu croiras
	il/elle/on croit	il/elle/on a cru	il/elle/on croyait	il/elle/on croira
	nous croyons	nous avons cru	nous croyions	nous croirons
	vous croyez	vous avez cru	vous croyiez	vous croirez
	ils/elles croient	ils/elles ont cru	ils/elles croyaient	ils/elles croiront

Infinitif	Présent	Passé composé	Imparfait	Futur simple
devoir (to have to)	je dois	j'ai dû	je devais	je devrai
	tu dois	tu as dû	tu devais	tu devras
	il/elle/on doit	il/elle/on a dû	il/elle/on devait	il/elle/on devra
	nous devons	nous avons dû	nous devions	nous devrons
	vous devez	vous avez dû	vous deviez	vous devrez
	ils/elles doivent	ils/elles ont dû	ils/elles devaient	ils/elles devront

Infinitif	Présent	Passé composé	Imparfait	Futur simple
dire (to say)	je dis	j'ai dit	je disais	je dirai
	tu dis	tu as dit	tu disais	tu diras
	il/elle/on dit	il/elle/on a dit	il/elle/on disait	il/elle/on dira
	nous disons	nous avons dit	nous disions	nous dirons
	vous dites	vous avez dit	vous disiez	vous direz
	ils/elles disent	ils/elles ont dit	ils/elles disaient	ils/elles diront

Infinitif	Présent	Passé composé	Imparfait	Futur simple
dormir *(to sleep)*	je dors	j'ai dormi	je dormais	je dormirai
	tu dors	tu as dormi	tu dormais	tu dormiras
	il/elle/on dort	il/elle/on a dormi	il/elle/on dormait	il/elle/on dormira
	nous dormons	nous avons dormi	nous dormions	nous dormirons
	vous dormez	vous avez dormi	vous dormiez	vous dormirez
	ils/elles dorment	ils/elles ont dormi	ils/elles dormaient	ils/elles dormiront

Infinitif	Présent	Passé composé	Imparfait	Futur simple
écrire *(to write)*	j'écris	j'ai écrit	j'écrivais	j'écrirai
	tu écris	tu as écrit	tu écrivais	tu écriras
	il/elle/on écrit	il/elle/on a écrit	il/elle/on écrivait	il/elle/on écrira
	nous écrivons	nous avons écrit	nous écrivions	nous écrirons
	vous écrivez	vous avez écrit	vous écriviez	vous écrirez
	ils/elles écrivent	ils/elles ont écrit	ils/elles écrivaient	ils/elles écriront

Infinitif	Présent	Passé composé	Imparfait	Futur simple
envoyer *(to send)*	j'envoie	j'ai envoyé	j'envoyais	j'enverrai
	tu envoies	tu as envoyé	tu envoyais	tu enverras
	il/elle/on envoie	il/elle/on a envoyé	il/elle/on envoyait	il/elle/on enverra
	nous envoyons	nous avons envoyé	nous envoyions	nous enverrons
	vous envoyez	vous avez envoyé	vous envoyiez	vous enverrez
	ils/elles envoient	ils/elles ont envoyé	ils/elles envoyaient	ils/elles enverront

Infinitif	Présent	Passé composé	Imparfait	Futur simple
espérer* *(to hope)*	j'espère	j'ai espéré	j'espérais	j'espérerai
	tu espères	tu as espéré	tu espérais	tu espéreras
	il/elle/on espère	il/elle/on a espéré	il/elle/on espérait	il/elle/on espérera
	nous espérons	nous avons espéré	nous espérions	nous espérerons
	vous espérez	vous avez espéré	vous espériez	vous espérerez
	ils/elles espèrent	ils/elles ont espéré	ils/elles espéraient	ils/elles espéreront

Infinitif	Présent	Passé composé	Imparfait	Futur simple
essayer *(to try)*	j'essaie	j'ai essayé	j'essayais	j'essaierai
	tu essaies	tu as essayé	tu essayais	tu essaieras
	il/elle/on essaie	il/elle/on a essayé	il/elle/on essayait	il/elle/on essaiera
	nous essayons	nous avons essayé	nous essayions	nous essaierons
	vous essayez	vous avez essayé	vous essayiez	vous essaierez
	ils/elles essaient	ils/elles ont essayé	ils/elles essayaient	ils/elles essaieront

Infinitif	Présent	Passé composé	Imparfait	Futur simple
être *(to be)*	je suis	j'ai été	j'étais	je serai
	tu es	tu as été	tu étais	tu seras
	il/elle/on est	il/elle/on a été	il/elle/on était	il/elle/on sera
	nous sommes	nous avons été	nous étions	nous serons
	vous êtes	vous avez été	vous étiez	vous serez
	ils/elles sont	ils/elles ont été	ils/elles étaient	ils/elles seront

* 'Préférer' follows the same pattern as 'espérer'.

Infinitif	Présent	Passé composé	Imparfait	Futur simple
faire (to do, make)	je fais	j'ai fait	je faisais	je ferai
	tu fais	tu as fait	tu faisais	tu feras
	il/elle/on fait	il/elle/on a fait	il/elle/on faisait	il/elle/on fera
	nous faisons	nous avons fait	nous faisions	nous ferons
	vous faites	vous avez fait	vous faisiez	vous ferez
	ils/elles font	ils/elles ont fait	ils/elles faisaient	ils/elles feront

Infinitif	Présent	Passé composé	Imparfait	Futur simple
falloir (must, is necessary)	il faut	il a fallu	il fallait	il faudra

Infinitif	Présent	Passé composé	Imparfait	Futur simple
se lever (to get up)	je me lève	je me suis levé(e)	je me levais	je me lèverai
	tu te lèves	tu t'es levé(e)	tu te levais	tu te lèveras
	il/elle/on se lève	il/elle/on s'est levé(e)	il/elle/on se levait	il/elle/on se lèvera
	nous nous levons	nous nous sommes levé(e)s	nous nous levions	nous nous lèverons
	vous vous levez	vous vous êtes levé(e)(s)	vous vous leviez	vous vous lèverez
	ils/elles se lèvent	ils/elles se sont levé(e)s	ils/elles se levaient	ils/elles se lèveront

Infinitif	Présent	Passé composé	Imparfait	Futur simple
lire (to read)	je lis	j'ai lu	je lisais	je lirai
	tu lis	tu as lu	tu lisais	tu liras
	il/elle/on lit	il/elle/on a lu	il/elle/on lisait	il/elle/on lira
	nous lisons	nous avons lu	nous lisions	nous lirons
	vous lisez	vous avez lu	vous lisiez	vous lirez
	ils/elles lisent	ils/elles ont lu	ils/elles lisaient	ils/elles liront

Infinitif	Présent	Passé composé	Imparfait	Futur simple
mettre (to put, put on)	je mets	j'ai mis	je mettais	je mettrai
	tu mets	tu as mis	tu mettais	tu mettras
	il/elle/on met	il/elle/on a mis	il/elle/on mettait	il/elle/on mettra
	nous mettons	nous avons mis	nous mettions	nous mettrons
	vous mettez	vous avez mis	vous mettiez	vous mettrez
	ils/elles mettent	ils/elles ont mis	ils/elles mettaient	ils/elles mettront

Infinitif	Présent	Passé composé	Imparfait	Futur simple
partir* (to leave, depart)	je pars	je suis parti(e)	je partais	je partirai
	tu pars	tu es parti(e)	tu partais	tu partiras
	il/elle/on part	il/elle/on est parti(e)	il/elle/on partait	il/elle/on partira
	nous partons	nous sommes parti(e)s	nous partions	nous partirons
	vous partez	vous êtes parti(e)(s)	vous partiez	vous partirez
	ils/elles partent	ils/elles sont parti(e)s	ils/elles partaient	ils/elles partiront

Infinitif	Présent	Passé composé	Imparfait	Futur simple
pleuvoir (to rain)	il pleut	il a plu	il pleuvait	il pleuvra

* 'Sortir' follows the same pattern as 'partir'.

Infinitif	Présent	Passé composé	Imparfait	Futur simple
pouvoir *(to be able to, can, etc.)*	je peux tu peux il/elle/on peut nous pouvons vous pouvez ils/elles peuvent	j'ai pu tu as pu il/elle/on a pu nous avons pu vous avez pu ils/elles ont pu	je pouvais tu pouvais il/elle/on pouvait nous pouvions vous pouviez ils/elles pouvaient	je pourrai tu pourras il/elle/on pourra nous pourrons vous pourrez ils/elles pourront

Infinitif	Présent	Passé composé	Imparfait	Futur simple
prendre* *(to take)*	je prends tu prends il/elle/on prend nous prenons vous prenez ils/elles prennent	j'ai pris tu as pris il/elle/on a pris nous avons pris vous avez pris ils/elles ont pris	je prenais tu prenais il/elle/on prenait nous prenions vous preniez ils/elles prenaient	je prendrai tu prendras il/elle/on prendra nous prendrons vous prendrez ils/elles prendront

Infinitif	Présent	Passé composé	Imparfait	Futur simple
recevoir *(to receive)*	je reçois tu reçois il/elle/on reçoit nous recevons vous recevez ils/elles reçoivent	j'ai reçu tu as reçu il/elle/on a reçu nous avons reçu vous avez reçu ils/elles ont reçu	je recevais tu recevais il/elle/on recevait nous recevions vous receviez ils/elles recevaient	je recevrai tu recevras il/elle/on recevra nous recevrons vous recevrez ils/elles recevront

Infinitif	Présent	Passé composé	Imparfait	Futur simple
savoir *(to know)*	je sais tu sais il/elle/on sait nous savons vous savez ils/elles savent	j'ai su tu as su il/elle/on a su nous avons su vous avez su ils/elles ont su	je savais tu savais il/elle/on savait nous savions vous saviez ils/elles savaient	je saurai tu sauras il/elle/on saura nous saurons vous saurez ils/elles sauront

Infinitif	Présent	Passé composé	Imparfait	Futur simple
venir *(to come)*	je viens tu viens il/elle/on vient nous venons vous venez ils/elles viennent	je suis venu(e) tu es venu(e) il/elle/on est venu(e) nous sommes venu(e)s vous êtes venu(e)(s) ils/elles sont venu(e)s	je venais tu venais il/elle/on venait nous venions vous veniez ils/elles venaient	je viendrai tu viendras il/elle/on viendra nous viendrons vous viendrez ils/elles viendront

Infinitif	Présent	Passé composé	Imparfait	Futur simple
voir *(to see)*	je vois tu vois il/elle/on voit nous voyons vous voyez ils/elles voient	j'ai vu tu as vu il/elle/on a vu nous avons vu vous avez vu ils/elles ont vu	je voyais tu voyais il/elle/on voyait nous voyions vous voyiez ils/elles voyaient	je verrai tu verras il/elle/on verra nous verrons vous verrez ils/elles verront

Infinitif	Présent	Passé composé	Imparfait	Futur simple
vouloir *(to want)*	je veux tu veux il/elle/on veut nous voulons vous voulez ils/elles veulent	j'ai voulu tu as voulu il/elle/on a voulu nous avons voulu vous avez voulu ils/elles ont voulu	je voulais tu voulais il/elle/on voulait nous voulions vous vouliez ils/elles voulaient	je voudrai tu voudras il/elle/on voudra nous voudrons vous voudrez ils/elles voudront

* 'Apprendre' and 'comprendre' follow the same pattern as 'prendre'.

Acknowledgments

For permission to reproduce copyright material the publishers gratefully acknowledge the following:

'Miley dit tout!' extract taken from the magazine *Star Inside* Special edition number 3, published by 2b2m (www.2b2m.fr). Editor: Aude Yvanès. 'Britney Spears' and 'Magie, Action, Aventure...' extracts taken from the magazine *Star Club*, number 261. '8 Portables Betty Boop', 'Robert Pattinson: Le baiser du vampire...', 'Beyoncé : Nouvelle icône de la mode' and 'Eminem : Le show-business est un mode sans pitié !' extracts taken from the magazine *Dream Up*, number 50.

The publishers have made every effort to trace copyright holders, but if they have inadvertently overlooked any they will be pleased to make the necessary arrangements at the first opportunity.